TU VOCACIÓN Y LA BIBLIA

GABO PERALTA

HOWARD ANDRUEJOL

e625.com

TU VOCACIÓN Y LA BIBLIA

e625 - 2019

Dallas, Texas

Todas las citas Bíblicas son de la Nueva Biblia Viva (NBV) a menos que se indique lo contrario.

Editado por: **Marcelo Mataloni**

Diseño interior y portada: **JuanShimabukuroDesign @juanshima**

ISBN: 978-1-946707-23-9

IMPRESO EN ESTADOS UNIDOS

CONTENIDO

APÉNDICES

NOTA DE LOS EDITORES

Gracias por tu interés en el crecimiento de las nuevas generaciones. Tu tarea y liderazgo es vital para su formación y tu rol puede hacer una diferencia eterna en sus vidas. Gracias por tomar el tiempo para tener conversaciones intencionales con ellos acerca de temas trascendentales en sus vidas como el que nos ocupa en este libro; sabemos perfectamente que ante la cantidad de conceptos contradictorios, ruido y demás distractores es fácil que caigan presa de la confusión o incluso la desesperación.

Este libro es parte de una serie, y cada uno de ellos está diseñado para ayudarte a sembrar en tus conversaciones con adolescentes una visión más espiritual y mucho más completa de temas cruciales.

Cada uno de estos libros incluye un desarrollo y luego cuatro lecciones que te ayudarán a preparar clases o grupos de discusión para adolescentes y jóvenes. En cada clase conjugamos la perspectiva bíblica con algunos ejercicios tanto de autoconocimiento como de proyección personal.

Nuestro deseo es que estas páginas y los documentos en línea que puedes descargar desde ***www.e625.com/lecciones*** sean un recurso útil para tu liderazgo. Adáptalos, modifícalos, enriquécelos y úsalos como mejor consideres.

Nuevamente, gracias por ser un instrumento de Dios para guiar a las nuevas generaciones hacia vidas llenas de sabiduría que los lleven a tomar decisiones inteligentes en todos los ámbitos.

Visita **www.e625.com** continuamente para descargar más recursos y conocer las actualizaciones online que ofrece el Instituto e625.

¡Juntos por familias sanas e iglesias fuertes!

TU VOCACIÓN Y LA BIBLIA

GABO PERALTA

CAPÍTULO 01

NUEVAS ETAPAS

El gran propósito de tu liderazgo con las nuevas generaciones es acompañarlos a la madurez en Cristo (Colosenses 1:28), lo que implica caminar con ellos en las decisiones cruciales que van a tomar en la turbulencia de la niñez a la adultez. Tu involucramiento puede ser determinante para que encuentren la sabiduría divina en el descubrimiento de su propósito sobrenatural de vida.

Una de las preguntas cruciales que todo ser humano experimenta tiene que ver con su lugar en este mundo; no es una cuestión sencilla pero sí es una aventura, y por ende es de vital importancia que no ignoremos que para muchos jóvenes esto puede ser una causa de estrés, incertidumbre o temor; quizás otros piensan que tienen todo bajo control (y están sinceramente equivocados) o bien algunos ni han pensado en el tema.

Ciertamente Dios tiene algo que decirles; él tiene un proyecto de vida para cada uno de sus hijos (Efesios 2:10). Dios tiene formas muy concretas y amorosas de guiarnos y con el paso de los años todo cobra mucho más sentido, así que por medio de estos capítulos queremos sembrar algunas semillas de conocimiento y experiencia que puedes compartir con aquellos que el Señor ha puesto a tu cargo. Por sobre todo, anhelamos que estas semillas puedan dar un fruto en la extensión del reino de Dios en esta tierra a través de la forma en la que él usará estratégicamente a las nuevas generaciones en la restauración de este mundo fragmentado.

Posiblemente los jóvenes con quienes compartas estas ideas forman parte de algún círculo relacional que se considera cristiano y se incluyen dentro de un numeroso grupo de personas que está buscando darle sentido a lo que hace, enmarcándolo dentro de lo que conocemos como *el plan de Dios para nuestras vidas*, y es por ello que debes tener en cuenta que para abordar el tema de la vocación hay una virtud que deberás fortalecer o desarrollar y de la cual se te ha hablado muchas veces: me refiero a la *fe*.

Veamos lo que Pablo escribió a los creyentes en la ciudad de Corinto:

> «*Cuando yo era niño, hablaba, pensaba y razonaba como niño; pero cuando alcancé madurez en la vida, dejé a un lado las cosas de niño. De la misma manera, nuestros conocimientos son ahora muy limitados, como si estuviéramos viendo una figura en un espejo defectuoso; pero un día veremos las cosas como son, cara a cara. Mis conocimientos son ahora imperfectos, pero en aquel día podré conocer tal y como él me conoce a mí. Tres virtudes hay que ahora permanecen: la fe, la esperanza y el amor. Pero la más excelente de ellas es el amor*» (1 Corintios 13:11-13).

Dios está invitando a cada joven a crecer. Sabemos que, como regla general en la naturaleza, todos crecemos físicamente; también sabemos que dicho crecimiento no es opcional sino que, bajo condiciones adecuadas de alimentación, cuidado y descanso en un ambiente saludable, un niño o una niña deberá crecer de acuerdo con su predisposición genética hasta alcanzar su potencial. La única manera en que puede entorpecerse este crecimiento sería afectando alguna de las variables mencionadas anteriormente, y esa es la razón por la cual la responsabilidad de garantizar que estos factores se mantengan dentro de los niveles deseados recae sobre los adultos que se encuentran a cargo de estos pequeños.

Ahora bien, con el paso de los años el niño o la niña avanza inevitablemente hacia la edad adulta y se supone que abrace cada nueva etapa de su crecimiento con la actitud correcta, asumiendo ahora su propia responsabilidad en el proceso que ha de llevarlo a alcanzar su madurez. No se trata solamente de alcanzar su madurez biológica sino la madurez en el sentido más amplio y completo que señala la Biblia en las áreas fundamentales que hacen parte del diseño divino para el ser humano, como son la espiritual, la emocional, la intelectual y la social.

Este crecimiento, el alcanzar dicha madurez, sí presupone un esfuerzo por parte de la persona, es decir que requerirá un esfuerzo por parte de cada uno del grupo que lideras. Al mismo tiempo que los acompañas ellos tienen la responsabilidad de responder a la Palabra de Dios, de unirse al plan divino y de rendir sus decisiones a la voluntad del Padre. Una palabra clave en este proceso es *intencionalidad*.

La dura realidad es que tanto los padres como los mismos jóvenes dejan las cosas en manos de un destino incierto: algunos reaccionan día a día a la vida, sin un plan con objetivos, o se encuentran en una situación sumamente vulnerable, corriendo el riesgo de perder el sentido de la vida y desviarse en su camino. Nunca lo desearon, pero omitieron las disciplinas necesarias para el éxito.

Como entrenador podrás guiarlos a los hábitos y a las mejores prácticas que requiere el éxito en esta nueva etapa de vida. Al mismo tiempo, deberás enseñarles que descubrir la vocación requerirá una actitud de absoluta confianza en Dios: requerirá de lo que la Biblia llama *fe*.

Cada nueva etapa de tu vida incluirá enigmas, confusiones y ambigüedades que se enfrentan con total confianza en Dios, que se transitan con esperanza si queremos madurar. Como Pablo menciona, en el presente conocemos de manera limitada y obtener cualquier nuevo conocimiento puede tomar más tiempo del que esperamos; esto no debe desanimarnos sino fortalecer nuestra confianza en Dios para tomar decisiones y acciones correctas que nos lleven a crecer.

Descubrir la vocación —en un sentido amplio y completo— tomará tiempo y posiblemente será algo que irá procesándose a lo largo de la vida. No recibiremos un correo electrónico de una cuenta divina o un mensaje de texto con las indicaciones exactas acerca de qué estudiar o dónde se supone que debemos trabajar, con instrucciones precisas acerca de cómo encaja todo eso en el llamado de Dios para cada uno; no obstante, hay muchos cristianos que desearían algo así y aprovechan cualquier palabra equivalente para seguir sus creencias místicas de la voluntad de Dios.

Ya es tiempo de dejar a un lado toda expectativa infantil que tengamos acerca de Dios y de la vida. Aun aquellas personas en la Biblia y en la historia del cristianismo que recibieron un llamado a través de una experiencia que calificaríamos como sobrenatural debieron esforzarse por descubrir en qué consistían los detalles del mismo a lo largo de sus vidas e identificar el papel que ellos deberían jugar en él.

Cuando un bebé llega a este mundo sus padres dirigen todos los aspectos relevantes que forman parte de su vida, pero cuando crece y las capacidades con las cuales Dios lo dotó se desarrollan, lo más sabio que esos padres pueden hacer es acompañar a su hijo o hija en un proceso de maduración en el cual se lo invite a descubrir sus capacidades, a plantearse metas, a asumir responsabilidades y a tomar decisiones —en lugar de tomarlas por él o ella—, y todo esto en un marco adecuado de cuidado y guía amorosa.

En ocasiones tanto padres como educadores y líderes quisiéramos tomar las decisiones por los jóvenes, preferiríamos evitarles algunos errores o simplificarles ciertos procesos de maduración, pero la realidad es que ellos tendrán que tomar sus propias determinaciones. Nuestro rol es equiparlos con la verdad y con herramientas relevantes para que hagan frente a esta nueva etapa.

En muchos casos su elección será distinta a la que nosotros hubiéramos tomado; hasta quizás sea diametralmente opuesta a lo que creemos que es lo mejor para ellos. En todo caso, la buena noticia es que no se trata de nuestro camino, de nuestra sabiduría ni de la de ellos, sino que juntos podemos buscar la sabiduría de Dios, el camino de Dios y el llamado de Dios, y ese será siempre el mejor.

Piensa en Abraham, el padre de la fe. Dios le pidió que saliera de la tierra donde vivía con su familia paterna y que fuera a un lugar que él le mostraría. Si lees la historia en el libro de Génesis te darás cuenta de que las indicaciones no eran muy específicas y hasta podríamos calificarlas más bien como ambiguas; se requirió de una confianza absoluta en Dios por parte de Abraham para iniciar ese camino en búsqueda de su llamado. Se requiere también hoy de parte de cada uno una total confianza en Dios —ese es el sentido de la fe— para caminar hacia la madurez, aun cuando no tengamos todo resuelto y nos enfrentemos a circunstancias ambiguas. La vocación es un recorrido de aventura y descubrimiento.

Eso sí, puedes tener la certeza de algo: en el proceso contamos con la guía y cuidado de Dios y eso hará la diferencia, por eso es vital que cultivemos una verdadera relación de intimidad con Dios a través de la Biblia, en comunión con el Espíritu Santo y en el contexto de una congregación. El Señor siempre ha hecho y seguirá haciendo lo que a él le corresponde. Juntos aprendemos a confiar en Dios durante todo el proceso, obedecer su guía, respetar su Palabra y vivir en la gracia que Jesús ganó.

Es por eso que Pablo acompaña la fe con la esperanza en el pasaje de la carta a los corintios que vimos anteriormente. Esperar en Dios no implica una espera sin garantía alguna, como cuando algunos afirman sin certeza «¡Ojalá y Dios quiera!»; no, se trata de la completa certidumbre de que, si caminamos de su mano, la buena obra que él comenzó en nosotros irá perfeccionándose día tras día hasta completarse (Filipenses 1:6).

Ayudar a los jóvenes a entender que ha terminado la etapa de su niñez —ese es el sentido de lo que afirma Pablo— implica entender que ahora llega una nueva responsabilidad frente a la vida. No significa que están solos sino que ahora son completamente responsables por lo que será su vida de aquí en adelante, por lo que Pablo insiste en recordarles que cuentan con Dios y que tienen una familia espiritual que los apoya y acompaña en este proceso.

Es tiempo de dejar atrás las expectativas infantiles para comprender que hay una parte muy importante en lo que respecta a su propósito de vida. Ciertamente incluye una carrera, abarca una profesión, pero va todavía mucho más allá: es una vida de servicio, una vida en misión, aquí y allá, ahora.

CAPÍTULO 02

LA VOCACIÓN: UN REGALO DE DIOS

En una escala de 1 a 10, ¿cuán difícil es para los jóvenes decidir sobre su futuro? ¿Por qué pensaste en esa calificación?

En cierto sentido, es normal que en aquellas áreas en las que carecemos de experiencia encontremos un mayor grado de dificultad. Además, ante una amplia gama de posibilidades, el exceso de análisis puede llevar a una parálisis —son tantas las opciones que terminamos por no tomar ninguna—.

Los jóvenes pueden sentir un alto grado de incertidumbre. Recientemente una señorita contaba su historia: aunque ha optado por estudios superiores y ha alcanzado un alto desempeño académico siente el tormento del qué será de su vida después de completar su carrera. Varias veces ha dicho que desea trabajar en su campo pero que no sabe cómo empezar; la persiguen tantos interrogantes que saber qué va a hacer con su vida se ha vuelto una carga desgastante. Sin embargo, en lugar de ansiedad, esto debería ser un fascinante avance en el proyecto de vida que el Señor le ha regalado.

Animemos a los jóvenes a evitar el camino del desánimo y más bien escoger el del emprendimiento. Una persona madura toma en sus manos la responsabilidad de investigar, recaudar información y formar una opinión personal con base en convicciones propias para avanzar con pasos firmes.

La vida es un continuo proceso de toma de decisiones que nos llevan a convertirnos en las personas que llegamos a ser en nuestro futuro. Algunas de esas decisiones parecen más triviales que otras, pero todas sumarán algo para definir el tipo de persona en la cual terminamos convirtiéndonos.

Ante todo, esta es una responsabilidad delante de Dios. Él es quien nos dio el regalo de la vida. La Biblia nos enseña:

> *«Tú hiciste todas las delicadas partes internas de mi cuerpo y las uniste en el vientre de mi madre. ¡Gracias por haberme hecho tan admirable! Es admirable pensar en ello. Maravillosa es la obra de tus manos, y eso lo sé muy bien»*. (Salmos 139:13-14).

Las afirmaciones del escritor de este salmo no obedecen a un deseo de autoexaltación personal ni tampoco tienen un propósito automotivacional sino que son una expresión de la gratitud que el autor siente hacia Dios por la vida misma, por la persona que Dios ha hecho de él. Esto genera en el salmista un sentido de responsabilidad frente al regalo de la vida que le ha sido dada, llevándolo a afirmar más adelante: «Examíname, Dios [...] pruébame [...] y guíame por la senda de la vida eterna». (Salmos 139:23-24), con el fin de mantenerse fiel al regalo que ha recibido.

La vida es un regalo de Dios. Todo lo que ella implica —respirar, pensar, amar, soñar, trabajar, emprender, esforzarse, e incluso la vocación— es un regalo que Dios nos concede. Escogemos si será una expresión de autoexaltación y egocentrismo o si será, como el salmo nos invita, una continua expresión de adoración hacia aquel que nos la concedió. Si la vida es un regalo de Dios, lo que hacemos con ella es nuestro regalo para él.

Ahora bien, asegurémonos de no pensar que vivir para Dios implica vivir en una forma negativa o poco satisfactoria. He escuchado a jóvenes preguntarse con mucha incertidumbre —no solo en lo referente a su vocación sino también frente a otros temas— «¿Y si lo que Dios desea no es lo que yo deseo?». Esta es una pregunta legítima de alguien que está en proceso de descubrir el verdadero carácter del Dios que se revela en la Biblia.

Se ha promovido una imagen equivocada acerca de Dios, de las Escrituras y de la vida cristiana en general; esta imagen transmite la idea de que, por lo general, quienes siguen las enseñanzas de la Biblia están obligados a vivir un estilo de vida aburrido, desprovisto de libertad y desconectado de la realidad del ser humano de nuestro tiempo. Nada más equivocado que esto. Esa imagen es tan solo una distorsión del cristianismo. Necesitamos revisitar las páginas de la Biblia y nuestros conceptos cristianos y no cristianos, pidiendo al Espíritu Santo que nos permita descubrir la emocionante vida que Jesús prometió cuando dijo: «[...] *Yo he venido para que tengan vida, y para que la tengan en abundancia*». (Juan 10:10).

La palabra que ha sido traducida al español como «abundancia» es la palabra griega *perissós*. Ésta nos habla de algo que no se encuentra de manera ordinaria, se refiere a algo que es extraordinario en cantidad (superabundante) así como también en calidad (superior). La vida que Dios nos prometió va más allá de todo lo que podamos imaginar y de ahí la importancia de vivir esa vida con Jesús, quien dijo también: «[...] *Si están separados de mí no pueden hacer nada*» (Juan 15:5). No quería decir que el ser humano no puede hacer muchas cosas —incluso muy buenas— si no tiene una relación con Jesús, lo que quería indicar es que por bueno que se considere algo que el ser humano pueda hacer, nunca será tan extraordinario en calidad y cantidad como lo que puede ser cuando ese ser humano vive su vida para Jesús.

Lo que los jóvenes decidan hacer con su vida no es simplemente una cuestión de encontrar un trabajo para obtener un salario; es parte de un llamado, de un regalo de Dios que forma parte de la vida abundante en Cristo. Nunca es algo desconectado, y por eso es que debemos ayudarlos a tomar el tiempo necesario para pensar responsablemente en sus elecciones. Se requiere esfuerzo para descubrir este propósito superior y comprometerse a honrar a Dios con cada detalle correspondiente.

John Piper, pastor, teólogo y autor estadounidense, ha acuñado un concepto revelador: él habla del «hedonismo cristiano». Lo que Piper sostiene es que el objetivo final de Dios en el mundo (que es su gloria) y nuestro deseo más profundo (el ser felices) son uno solo, porque Dios es glorificado en nosotros cuando estamos más satisfechos en él; por lo tanto, nuestra búsqueda de la alegría y propósito en él es esencial. Piper ha afirmado que la vida cristiana debería ser la búsqueda de la máxima alegría en Dios, alegría tanto en calidad como en cantidad, que se da cuando alineamos nuestros deseos con su voluntad buena, agradable y perfecta como lo indica la Biblia cuando afirma: «*Deléitate en el Señor. Así él te dará lo que tu corazón anhela. Encomienda al Señor todo cuanto haces, confía en que él te ayudará a realizarlo, y él lo hará*» (Salmos 37:4-5).

La vocación, el regalo de Dios, debe ser algo que traiga propósito y alegría a la vida y que traiga honor y exaltación para Dios. Ese regalo que Dios le ha dado a cada uno y que los jóvenes están descubriendo traerá una satisfacción extraordinaria si lo usan como una continua muestra de adoración al Señor mientras disfrutan cada día de la oportunidad de ejercerla.

Una vez más, qué equivocado es pensar que la vocación será algo que no se disfruta y que se ejerce solo porque «hay que ser obedientes a Dios». Ayuda a los jóvenes a que no tengan miedo de permitirle a Dios guiar este proceso de descubrimiento o afirmación de su vocación. Explícales que no piensen que cuando le digan a Dios «Señor, aquí estoy listo para que me guíes a descubrir la vocación de mi vida, que se haga tu voluntad», él estará allí diciendo «¡Tú lo dijiste, que se haga mi voluntad!» y los guiará a una vida que no disfrutarán y para la cual él no los creó.

Ese no es el Dios de la Biblia, no es el Padre que Jesús nos presentó. En Colombia hay un dicho popular que algunos padres utilizan para reprender a sus hijos cuando éstos creen saber más que ellos en ciertos temas, el cual dice: «Hijo, ¡no le enseñe a su papá a hacer hijos!». Aunque los padres no lo saben todo, tienen algo más de experiencia, sabiduría y conocimiento en muchos temas.

Lo mismo sucede con Dios: él sí que tiene mucha más sabiduría y conocimiento de la vida y de nosotros de lo que puedes imaginar.

¡Cuán equivocados están quienes tratan de enseñarle a Dios lo que es mejor para ellos! ¡Cuán terrible es ignorar al Señor creyendo que sabemos qué hacer con nuestra vida!

Nuestra oración es que las nuevas generaciones sean sabias y permitan que sea Dios quien dirija sus pasos. Acompañémoslas en la jornada para buscar la dirección de lo alto en el descubrimiento del hermoso regalo diseñado de forma minuciosa e individual para cada uno. Sin duda, quienes lo hallen llegarán a disfrutarlo (incluso en medio de momentos difíciles) porque tienen un propósito, una motivación, una misión superior. Estos serán jóvenes y señoritas que usarán su vida para honrar y traer gloria al nombre de Dios.

CAPÍTULO 03

VOCACIÓN: ¿DE QUÉ ESTAMOS HABLANDO?

Hasta este momento hemos usado en varias ocasiones el término *vocación*, pero en realidad cuando se plantea la necesidad de descubrirla, ¿a qué estamos refiriéndonos concretamente? ¿Se trata acaso simplemente de descubrir cuál es la profesión que alguien debe escoger hoy para dedicarte a ella el resto de su vida? No exactamente. La palabra *profesión* tiene que ver con el oficio o la ocupación que alguien ejerce y por la cual recibe una remuneración. Por supuesto que todos necesitamos entender cuál será nuestra profesión u ocupación en el futuro, pero sin duda es aún más importante determinar la vocación ya que ella determinará no solo la profesión u ocupación que desempeñaremos sino la manera, la motivación y el sentido de la misma, así como los resultados que obtenemos cuando la ejercemos.

La palabra *vocación* proviene del latín *vocatio,* que significa «acción de llamar». Ésta involucra dos realidades: la primera es que Dios en su absoluta soberanía hace un llamado a un ser humano, y la segunda es que este ser humano, de acuerdo con la libertad que le ha sido dada, responde positivamente a ese llamado. El concepto de vocación abarca entonces un llamado que tiene lugar por iniciativa divina en el que Dios invita al ser humano a unirse a Él para cumplir un propósito, y abarca también una respuesta de ese ser humano que implica la dedicación voluntaria de su existencia a un quehacer o quehaceres particulares y que involucra también la elección de un estilo de vida determinado.

Si buscas la palabra *vocación* en las traducciones modernas de la Biblia te llevarás una sorpresa: no está. Tendrás que recurrir a traducciones más antiguas para encontrarla y no la hallarás con mucha frecuencia. ¿Significa eso que la Biblia guarda silencio en cuanto a un tema tan importante como este? Definitivamente no. La Biblia habla en múltiples ocasiones acerca del concepto al que nos referimos como vocación. Ya en el Antiguo Testamento encontramos términos que, dependiendo de su contexto, nos permiten enmarcar la idea de la vocación dentro de una perspectiva divina; lo que ocurre es que los traductores de la Biblia han tomado los vocablos y expresiones provenientes del hebreo y del griego y los han traducido con otras palabras e ideas equivalentes, dependiendo del contexto bíblico.

Encontrarás una clara asociación con el concepto de vocación que hemos desarrollado anteriormente en libros como Éxodo, Números o Levítico en relación con la consagración de Aarón y de sus hijos como sacerdotes así como de los miembros de la tribu de Leví a tareas relacionadas con el cuidado espiritual del pueblo de Israel y con todo lo relacionado con la vida religiosa de la nación. Esta era una tarea vital y sagrada dentro del plan de Dios y era todo un privilegio desempeñarla, pero ninguna persona fuera de la familia de Aarón y sus descendientes o de la tribu de Leví podía ejercerla.

Con el paso de los años el énfasis sagrado de dicha tarea y la exclusividad de la misma llevó al surgimiento de una mentalidad que nos ha influenciado hasta nuestros días y que ha llevado a establecer una marcada diferencia entre el ámbito de lo sagrado y el ámbito de lo secular. Este pensamiento ha sido tremendamente nocivo para la iglesia de nuestro tiempo, ya que considera sagrado lo que se hace un fin de semana en el contexto de una iglesia pero coloca la acción diaria bajo la perspectiva y las normas de un mundo altamente secularizado; considera sagrada la predicación de la Biblia desde un púlpito pero sitúa a la profesión o la ocupación dentro del ámbito de lo secular bajo las reglas de la cultura vigente de los negocios, las artes, la política, los deportes o cualquiera que sea el área en la que ésta se desempeñe.

Otorga un carácter sagrado a los cantos que denominamos «de alabanza y adoración a Dios» durante los servicios de fin de semana pero descuida la manera de hablar, lo que se escucha, ve y experimenta fuera del contexto eclesiástico y no considera que la vida diaria tenga mucho que ver con la adoración que debe ofrecerse a Dios. Este tipo de pensamiento toma como muy sagrado lo que se hace como parte del servicio a otros en nuestras congregaciones o cuando se envía a alguien «en misión» pero no considera como sagrado el cuidado y servicio que con amor debe brindarse a los miembros del hogar o de la sociedad; esto puede explicar en parte por qué hoy en Latinoamérica somos testigos del crecimiento significativo del número de personas que se identifican como «cristianas» mientras que la injusticia social, la inmoralidad y el resquebrajamiento de la familia alcanzan en niveles alarmantes en nuestros países.

Esta mentalidad de lo secular en contraste con lo sagrado ha divido a los creyentes entre *sacerdotes* y *laicos*, asume que solo los primeros han recibido un llamado divino mientras que los segundos deben conformarse con ser espectadores del obrar divino y encontrar por su cuenta una profesión u ocupación que satisfaga sus propias necesidades y anhelos, dedicándose a cumplir con lo que se espera de los buenos cristianos pero dejando muchas veces la responsabilidad de hacer avanzar al reino de Dios al grupo selecto que se supone que ha sido llamado para ello.

A la luz de la Biblia tal división no existe ya que, como claramente el apóstol Pedro escribió, cada creyente es parte de una familia escogida de sacerdotes reales y una nación santa que le pertenece a Dios y que ha sido llamado con un propósito claro: el de proclamar las obras maravillosas de aquel que lo llamó de las tinieblas a su luz maravillosa (1 Pedro 2:9). Es importante reconocer que en algunos sectores del protestantismo y de lo que se conoce como el evangelicalismo latinoamericano se han hecho esfuerzos por cambiar esa mentalidad, pero hasta ahora han sido insuficientes.

Sin lugar a dudas se requerirá un trabajo que aborde el ser, el hacer y el saber de los creyentes en una forma comprehensiva y consistente con un enfoque especial en las nuevas generaciones si es que se pretende cambiar aquello que está tan arraigado en el inconsciente colectivo religioso de nuestros pueblos. Esta mentalidad fue puesta allí por el tipo de evangelización de la que fuimos objeto en nuestros países y ha sido reforzada por una cultura que privilegia la comodidad por sobre el servicio a los demás.

Este pensamiento de lo secular en contraste con lo sagrado no tiene un sustento bíblico; por más que algunos quieran encontrarlo en el sistema religioso del Antiguo Testamento deben entender que, a pesar de la dedicación de algunas personas al oficio sacerdotal de la religión hebrea, ni siquiera en aquellos tiempos Dios consideró la vocación como algo exclusivo de una casta de gente especial dedicada a ciertas tareas catalogadas como sagradas. Hacer tal diferenciación priva al mundo de experimentar el impacto que Dios puede traer a esta tierra para beneficiar al ser humano y a su creación.

Cuando Dios llamó al pueblo de Israel para que fuera una nación santa no estaba llamando solo a un grupo de sacerdotes a que lo fuera, estaba llamando a cada individuo de esa nación a ser santo, estaba haciéndoles un llamado a cumplir con un propósito particular y esperaba una respuesta de todo su pueblo. Esperaba que cada persona descubriera su vocación no solo como pueblo sino a nivel individual.

El llamado a la santidad no era un llamado a «no hacer cosas» como desgraciadamente se ha entendido en muchos sectores dentro y fuera del cristianismo, sino que era un llamado a convertirse en el tipo de personas, en el tipo de nación que —a través de sus decisiones, sus acciones, sus ocupaciones, sus profesiones y un estilo de vida muy especial— hiciera que las naciones que no conocían a Dios se preguntaran «¿Qué otra nación es tan sabia y prudente como Israel?», y así ellos podrían contestar: «¿Qué otra nación, grande o pequeña, tiene a Dios entre ellos como el Señor nuestro Dios está entre nosotros siempre que lo invocamos?» (Deuteronomio 4:6-7).

Por ello, podemos afirmar con total convicción que Dios enmarcó cada tarea, cada oficio, cada ocupación de su pueblo en el Antiguo Testamento dentro de lo que podemos considerar como sagrado; es algo que merece un respeto excepcional y que debe hacerse de la manera más excelente pues está dedicado a Dios y a cumplir con sus propósitos.

En su obra *La ética protestante y el espíritu del capitalismo*[1], Max Weber aborda muy acertadamente esta concepción bíblica de los oficios humanos describiendo una mentalidad hebrea en donde lo sagrado no se limita a lo que comúnmente enmarcaríamos como «oficios religiosos» sino que abarca todo quehacer humano para la honra de Dios. Lo enfatizamos nuevamente: no hay esferas del quehacer humano que no deberíamos considerar como sagradas. Ese ha sido el problema fundamental, creer que hay cosas que podemos dedicar a Dios y otras que no. Un creyente genuino es movido por un llamado divino y el cien por ciento de su vida ha de responder a ese llamado; esa respuesta, esa inclinación a desarrollar el plan de Dios a través de nuestra profesión y de nuestra ocupación es lo que llamamos nuestra vocación.

Si vamos a ayudar a los jóvenes a encontrar y disfrutar de su vocación, tendremos que renovar nuestra forma de pensar con la guía del Espíritu Santo.

Así como en el Antiguo Testamento, Dios hoy también desea un pueblo que entienda su llamado y su propósito, cuya vocación

1 Max Weber, Obras selectas. *La ética protestante y el espíritu del capitalismo* (Buenos Aires: Distal, 2003), págs. 87-106.

—entendida no solo como el llamado de Dios sino como la respuesta que el pueblo da— se oriente a cumplir con los propósitos divinos a través de todo tipo de ocupaciones y de la vida entera de ese pueblo. Es por esto que el apóstol Pablo escribió inspirado por el Espíritu Santo: «*Yo, pues, que estoy prisionero por servir al Señor, les ruego con todo cariño que se comporten como es digno de los que han sido llamados por Dios*» (Efesios 4:1). La versión Reina Valera 1960 lo traduce así: «[...*] os ruego que andéis como es digno de la vocación con que fuisteis llamados*».

La palabra que en la versión Reina Valera se traduce como «vocación» o «llamamiento» es la palabra griega *klésis*, que tiene dos sentidos básicos: el primero se refiere a una invitación por parte de Dios a experimentar un privilegio especial, una responsabilidad, y el segundo es una posición que una persona tiene o una condición que ostenta. En el sentido más básico del contexto de la carta a los efesios se refiere a la responsabilidad que tenemos de proclamar a Cristo con nuestra vida misma y asumir el privilegio que se nos ha concedido como creyentes de ser parte del plan y los propósitos divinos, con el objetivo de extender el reino de Dios y alcanzar al mundo con el mensaje y las acciones del Evangelio.

Se trata del llamado de alcanzar al mundo con nuestra vocación y esto necesariamente significa servir a Dios más allá de los templos, significa dedicar nuestra vida completamente —dentro y fuera de las congregaciones— para alcanzar al mundo para Jesús. De eso se trata tu vocación, de un llamado no solo general sino particular que Dios hace para que te unas a él en el propósito de establecer su reino. Se trata de un privilegio que Dios concede a quienes somos sus hijos.

Hoy Dios está haciendo una invitación, extendiendo un privilegio. ¿Cómo responderemos a ese llamado? ¿Estamos dispuestos a asumir esta hermosa responsabilidad y privilegio como creyentes en Jesús? Entonces descubramos cómo hacerlo.

DÁNDOLE FORMA A NUESTRA VOCACIÓN

Para este momento debería ser muy claro que todos los creyentes tenemos hoy un llamado a extender el reino de Dios en esta tierra; no es necesario que llegue un profeta de Dios y en medio de una multitud señale a un joven o una señorita, lo invite a pasar delante de la congregación y le diga que Dios lo ha llamado para que esto se haga realidad. No descartamos que eso pueda suceder, pero si alguno necesita que alguien se lo diga pues bien, se lo decimos en este momento: *tú tienes un llamado de Dios*.

Ese llamado particular se enmarca dentro del gran llamado que el Señor ha hecho a todos los creyentes, pero toma una forma particular en cada uno. Esa forma es la vocación, que toma en cuenta el llamado personal de Dios y la respuesta voluntaria que damos a ese llamado, orientando nuestra vida hacia un estilo de vida y una ocupación determinada. Así que a la profesión, ocupación u ocupaciones que cada uno decide seguir en la vida la llamaremos en adelante «la forma de la vocación».

Toda vocación se encarna, toma forma a través de una ocupación, es decir que el llamado ha de hacerse concreto y tangible a través de la forma de vida y trabajo que se escoge en esta tierra. La vocación no está limitada —como lo hemos discutido— a ciertas ocupaciones que tradicionalmente hemos considerado como sagradas sino que puede materializarse en todas y cada una de las profesiones que han ocupado, ocupan y ocuparán a los seres humanos a lo largo de la historia.

Este planteamiento puede generar en algunos jóvenes cierta ansiedad al entender que a la complejidad de escoger una profesión para el resto de sus vidas ahora deben sumarle el hecho de pensar cómo esa profesión encaja dentro del llamado que Dios tiene para ellos. Recuérdales que no se angustien; no es tan complejo o indescifrable como podría parecer.

Para ayudar a los jóvenes a darle forma a su vocación presentaremos en los próximos capítulos un marco de reflexión que incluye cuatro ingredientes: tu *diseño*, tu *banda sonora*, la *extensión del reino como el propósito* de tu vocación y la importancia de hacer todo siempre *a la manera de Dios*. Cada uno de ellos te permitirá acompañar a las nuevas generaciones hacia un entendimiento bíblico del plan de Dios para sus vidas y desafiarlos a maximizar el potencial que ha sido depositado en ellos. ¡Desafíalos a ver más allá de la vida normal, a ver por encima, sobre lo natural y descubrir el maravilloso plan del Dios soberano para sus vidas!

CAPÍTULO 04

AYUDA A LAS NUEVAS GENERACIONES A RECONOCER SU DISEÑO

La Biblia afirma que *«los cielos cuentan la gloria de Dios, el firmamento proclama la obra de sus manos»* (Salmos 19:1), *«toda la creación [...] muestra el eterno poder de Dios [...] lo invisible de Dios se deja ver por medio de la creación visible»* (Romanos 1:20). Las nuevas generaciones deben tener la claridad de que todo en este universo tiene un diseño, y que ese diseño señala al propósito que tenía en mente el Creador de todo cuando lo originó.

Hablar de vocación implica descubrir el propósito para el cual fuimos diseñados. El diseño señala al propósito y el propósito brinda dirección, motivación y seguridad, tres cosas que hoy parecieran estar perdidas en nuestra sociedad, y por eso creemos que ayudar a los jóvenes a identificar su diseño los direccionará a Dios y les dará un sentido de realización que no conocerán de otra manera.

Te preguntarás cómo hacerlo: empecemos por decir que Dios le ha dado a cada persona unos talentos naturales que hablan de su propósito. Creemos que es necesario despojar de misticismos a este asunto del llamado; nuestro deber como líderes es enseñar a las nuevas generaciones a depender absolutamente de Dios para que puedan descubrirlo. Esa dependencia significa confiar en los talentos naturales con los que Dios los dotó para este mundo y trabajar para potenciarlos de manera que honren a Dios y extiendan su reino. Darle forma a la vocación requiere entender que los talentos son regalos innatos que hacen de una persona alguien único e incomparable, con habilidades especiales para hacer ciertas cosas más fácil y felizmente[1].

Estos talentos son diferentes de los conocimientos que adquirimos a lo largo de nuestra vida. No se trata de las áreas de interés por las que los jóvenes van inclinándose en las diferentes etapas de sus vidas, se trata de esos talentos naturales que constituyen una huella particular: así como la huella dactilar de un individuo es diferente de la de los otros miles de millones que habitan la tierra hoy, que la han habitado en el pasado o que llegarán a habitarla en el futuro, Dios le ha dado un diseño único a cada persona, el cual debe ser reconocido, valorado y usado en esta tierra. Este pensamiento puede ser cautivante y transformador para los jóvenes con quienes trabajas: ayúdalos a enfocarse en quiénes son y no en quiénes no son, guíalos para que se enfoquen en lo que Dios les concedió y no en lo que les dio a otros. El primer paso para darle forma a la vocación de tus jóvenes es ayudarlos a reconocer y abrazar quienes son, a amar lo que Dios les ha dado y a disfrutar de su huella personal.

ES TIEMPO DE DERROTAR EL SENTIMIENTO DE INFERIORIDAD

Con los años hemos descubierto un gran obstáculo para que las nuevas generaciones puedan reconocer su diseño: el sentimiento de inferioridad. Por esto, queremos dedicar un espacio a continuación para enseñarte a trabajar con aquellos jóvenes que lidian con ese sentimiento, queremos invitarte a ser un instrumento de Dios para traer una perspectiva nueva y refrescante a cada joven o jovencita a quien tienes el privilegio de liderar.

---

1 Nicholas Lore, *Now what? The young person's guide to choosing the perfect career* (New York: Fireside, 2008), cap. 16, sec. «Natural talents», párr. 4.

El sentimiento de inferioridad no aparece de la noche a la mañana sino que se desarrolla desde muy temprano en nuestra infancia. A veces sucede porque la persona ha sido objeto de una educación extremadamente autoritaria bajo la cual nunca llega a sentirse apreciada o aceptada; la persona siente que nada de lo que hace es suficiente para aquellos a quienes ama, y por lo tanto va por la vida tratando de demostrar a otros su valor, viviendo de manera insegura y, en última instancia, perdiendo su autoestima.

Si una educación en extremo autoritaria influye para desarrollar este sentimiento, lo hace también el otro extremo de la educación, es decir, aquella que es demasiado consentidora y hasta sobreprotectora, en la cual la persona no aprende el respeto por los demás, no acepta ningún tipo de límite y nunca aprende a valerse por sí misma. Como consecuencia, cuando se enfrenta a la vida en comunidad enfrenta el rechazo de aquellos que no están dispuestos a cumplir sus caprichos o a encargarse de sus necesidades como sucedía en su hogar. Eso genera la sensación de que algo está mal en ella.

Como mecanismo de defensa podría llegar a aislarse, pero también podría desarrollar lo que los especialistas llaman «complejo de superioridad» para defenderse: en el fondo será una persona insegura pero en el exterior querrá demostrar que está en control de toda situación.

Alguien podría decirte: «Yo no viví ninguno de los dos extremos que planteas, entonces, ¿por qué lucho con este sentimiento de inferioridad?», y la respuesta podría estar relacionada entonces con el contexto en el que le ha tocado vivir. Un factor clave es el entorno escolar en el que crecemos pues éste puede ser cruel ante la diferencia y no valorar ciertos talentos y estilos de personalidad, mientras que puede premiar lo que el entorno valora como lo deseable. Déjanos explicarlo con el siguiente ejemplo: en algunos ambientes escolares existen prácticas que son muy notorias y que brindan un estatus especial a quienes las desarrollan, como puede ser jugar un deporte, ser parte de un grupo de personas muy popular o tener una habilidad particular muy valorada por el entorno. Si no juegas tal deporte, no eres parte de ese grupo de personas o careces de dicha habilidad —aunque tengas otras muy importantes— simplemente no existes para los demás chicos; eso genera en los niños y jóvenes (además de la marginación por parte de un entorno social) una sensación de rechazo hacia quienes son y siembra engaños acerca de su valor personal haciéndolos sentir menos que los demás.

Hay otro factor que influye en cuanto a nuestra percepción de nosotros mismos y tiene que ver con los valores y estándares que la cultura promueve. Hablamos de estándares de belleza y estilo de vida que hoy especialmente a través de los medios de comunicación, artistas u otras personas influyentes se nos venden como pautas de vida necesarias para ser felices en esta tierra. Estos y otros factores atacan directamente el sentido de identidad y propósito de las personas, produciendo en ellas un espiral de autodesprecio y depresión al no sentir que llenan las expectativas de los demás, y esto a su vez los lleva a una constante comparación con otros, generando sentimientos de envidia e inseguridad o convirtiéndolos en personas perfeccionistas que consideran que lo que hacen nunca es lo suficientemente bueno.

Si vas a ayudar a las nuevas generaciones a darle forma a su vocación debes comenzar por ayudarles a desarrollar un correcto sentido de identidad (no está de más decir que tú debes ser un modelo de esto al aceptarte a ti mismo y a tu realidad desarrollando un liderazgo seguro y capaz de empoderar a otros).

Establece una base bíblica para los jóvenes. Lo más importante es que las nuevas generaciones vayan a la Biblia para escuchar de Dios lo que él tiene para decirles al respecto. ¿Recuerdas el salmo 139? Este es un buen momento para volver a revisarlo: «*Tú hiciste todas las delicadas partes internas de mi cuerpo y las uniste en el vientre de mi madre. ¡Gracias por haberme hecho tan admirable! Es admirable pensar en ello. Maravillosa es la obra de tus manos, y eso lo sé muy bien*» (Salmos 139:13-14).

Esta verdad puede revolucionar la vida de nuestros niños y jóvenes: Dios diseñó todas las partes de su ser, él las unió en el vientre de sus madres. ¡Son admirables! ¡Son una maravillosa obra de sus manos! Dios quiere que lo sepan muy bien. Compararse con otros y anhelar ser como ellos es violentar lo que uno es al tratar de ser otra persona. Dios nos concedió unos talentos naturales que hablan de nuestra vocación; éstos no son mejores ni peores que los de los demás, son nuestros y punto. Nos definen y marcan el camino hacia el llamado particular que debemos cumplir sobre esta tierra.

¿Por qué tantas veces pensamos que otros son mejores que nosotros? Creo que hay dos razones en particular. La primera es una cuestión de percepción: nos han menospreciado tanto o nos hemos acostumbrado a menospreciarnos tanto que perdemos de vista nuestros talentos naturales y nuestras habilidades, hemos creído mentiras acerca de nosotros mismos que nos limitan. La imagen que viene a nuestra mente tiene que ver con un gran jugador de fútbol de nuestro tiempo: Lionel Messi. Imagínate que por algunos traspiés en su carrera profesional dijera: «No, yo no sirvo para nada, soy el peor futbolista de la historia, mejor me retiro de mi carrera». Todos diríamos que es una completa estupidez, todos reconocemos su talento para el fútbol y entendemos que sería una lástima no verlo en una cancha de fútbol mientras pueda jugar.

Bueno, así encontramos a muchos jóvenes y adultos cristianos menospreciando quiénes son y lo que Dios les ha dado y retirándose del juego de la vida porque permitieron que las circunstancias, el diablo u otras personas los llenaran de mentiras acerca de su valor, su identidad y su propósito.

La segunda razón por la que pensamos que otros son mejores que nosotros es sencillamente por una cuestión de realidad. Tomando el ejemplo de Messi nuevamente, estamos tranquilos al admitir que Lionel juega mucho mejor al fútbol que nosotros (eso es una realidad) así que, si nos comparamos con él, debemos reconocer que tenemos cualidades inferiores en cuanto a lo futbolístico, pero si se compara con nosotros él deberá admitir que posee cualidades inferiores en cuanto a lo pastoral.

El problema radica en que nos comparamos con las *mejores* cualidades de los demás todo el tiempo: todos serán mejores si siempre estás cambiando la regla con la que te mides. Ellos también tienen puntos en los cuales no son fuertes, por eso invita a los jóvenes a dejar de comparar y a comenzar más bien a disfrutar de quienes son y también a disfrutar de lo que Dios les ha dado a los demás. La verdad es que no somos inferiores ni superiores a otros, somos simple y hermosamente lo que somos. Que nuestros jóvenes aprendan a ser quienes tienen que ser.

SU VALOR RADICA EN QUIÉNES SON EN DIOS

Después de establecer una base bíblica acerca del diseño de Dios, tus jóvenes necesitarán alejarse de una de las trampas más comunes de nuestro tiempo: el definirse por lo que tienen, por lo que hacen o por lo que saben. Muchas personas han asociado tanto su valor como individuos con lo que poseen, con sus logros y con su conocimiento que se han olvidado de su esencia, de su ser. Si por alguna circunstancia algo de esto desaparece pierden el sentido de sus vidas y entran en una crisis existencial.

El tener, el hacer y el saber tienen su correcto lugar en nuestra vida, pero quienes somos y el valor personal que tenemos nunca pueden depender de esas tres cosas sino que más bien estas tres cosas deben depender y desarrollarse de manera acorde con quienes somos.

Observa la figura 1. Quien eres y tu valor dependen de Dios, de su diseño para ti y de cómo él te define a ti. Lee en primera persona lo que el apóstol Pedro escribió acerca de quiénes somos en Dios: *«Pero* ***yo*** *soy una familia escogida,* ***soy*** *sacerdote real y* ***soy*** *una nación santa.* ***Soy*** *un pueblo que Dios compró* ***para que anuncie*** *sus* *obras extraordinarias; él fue quien* ***me llamó*** *de las tinieblas a su luz maravillosa*» (1 Pedro 2:9) [2].

FIGURA 1

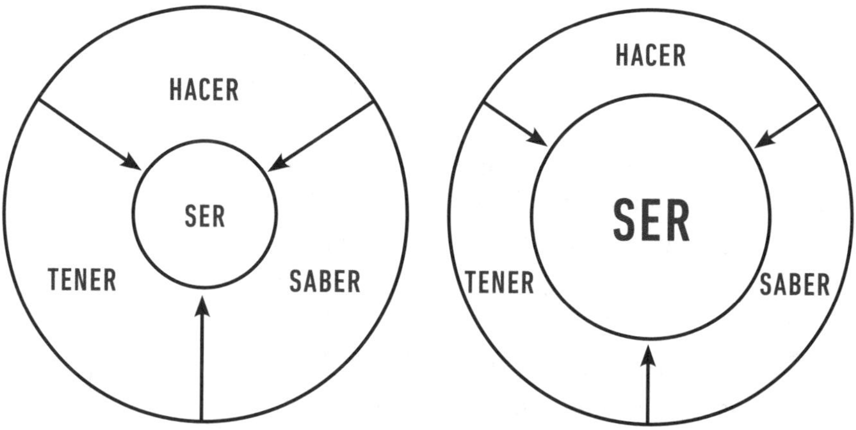

Una vida confundida centrada en el hacer, el tener y el saber

Una vida centrada en el ser da un propósito al hacer, al tener y al saber

Un creyente genuino es un hijo escogido de Dios apartado para cosas muy especiales. Hemos sido escogidos, diseñados, apartados y dotados de unos talentos naturales que no solo nos harán felices y exitosos sino que por sobre todo proclamarán las obras maravillosas de aquel que nos llamó de una vida de oscuridad a una vida extraordinaria, así que además de establecer una base bíblica acerca del diseño también debes trabajar profunda y consistentemente el tema de la identidad con tus jóvenes.

Para ello, te invitamos a buscar diferentes oportunidades y ángulos de enseñanza bíblica acerca de la identidad de una manera consistente. No pienses que este tema se agota en una reunión o con una predicación: las nuevas generaciones necesitan desde la niñez —pasando por la preadolescencia, la adolescencia y la juventud— ser fortalecidas en cuanto a su identidad basada en lo que Dios ha

2 Énfasis de los autores.

hecho por ellas. Además de establecer espacios de enseñanza será muy importante contar con estrategias que promuevan la sanidad y el fortalecimiento emocional, con el fin de identificar y eliminar las mentiras que se hayan sembrado en sus corazones a lo largo de sus vidas.

Sobre esa base bíblica y de acompañamiento también es importante incorporar herramientas concretas que ayuden a los jóvenes a descubrir esos talentos naturales. Podemos usar la lógica para ello: guíales a revisar su historia de vida desde lo más reciente hasta donde su memoria se los permita, pero que no hagan este ejercicio solos sino que integren información de padres, hermanos, familiares, amigos y conocidos con los que hayan compartido mucho. Además de actividades, que busquen identificar roles o comportamientos que les resultan naturales y que disfrutan. A continuación, les damos algunas ideas que sugiere un experto en el tema:

- Tareas de un trabajo que han disfrutado
- Actividades favoritas en su colegio
- Actividades favoritas en su tiempo libre
- Sus asignaturas favoritas
- Problemas que disfrutaban resolver
- Proyectos que disfrutaron
- Hobbies
- Roles que jugaban en sus eventos favoritos
- Roles o posiciones que disfrutaban en un equipo
- El reconocimiento que recibieron de otros por algo bien hecho
- Todo lo que haya capturado su atención e imaginación [3]

El objetivo de esta investigación es que una persona pueda llegar a identificar sus talentos en relación con el tipo de razonamiento e inteligencia que posee, la clase de memoria con la que Dios lo ha dotado (por ejemplo, de tipo asociativo o numérico) y las

3 Lore, Now *What?* cap. 16, sec. «Self-assesing your natural abilities», párr. 8.

habilidades particulares para las que él lo diseñó (de lenguaje, artísticas, deportivas, etc.). Para tener más claridad en cuanto a cómo hacerlo te sugerimos el libro en inglés *¿Now what? The young person´s guide to choosing the perfect career* («¿Ahora qué? La guía para la persona joven para escoger la carrera perfecta»), de Nicholas Lore. Si no lees inglés puedes hacer una búsqueda del tema en una librería física o electrónica en español, pero asegúrate de acotar tu búsqueda a herramientas que te ayuden a identificar tus talentos naturales.

Existen programas de análisis de talentos disponibles en el mercado que puedes usar o puedes buscar una persona experta en el tema para que te apoye. Lo que más me gusta del libro de Lore es que además de identificar talentos específicos los asocia con carreras u ocupaciones específicas. En nuestra tarea de acompañamiento de las nuevas generaciones hemos encontrado que es una necesidad imperiosa el integrar este tipo de herramientas en nuestras congregaciones.

Cuando un joven ha identificado sus talentos naturales debe trabajar en desarrollarlos al máximo. Ayúdalo a mantener su enfoque en su diseño y no en lo que no tiene, de lo contrario perderá la oportunidad de desarrollar su propio potencial y terminará experimentando una gran frustración. Hoy en las organizaciones y los equipos es claro que debemos enfocarnos en las aptitudes que son fuertes en las personas en lugar de hacerlo en sus debilidades. ¿La razón? Desarrollar las fortalezas minimiza las debilidades y trae mayores progresos, haciéndonos más felices.

Además de los talentos naturales, nuestro diseño incorpora los rasgos de nuestra personalidad. Entender esto también ayudará a las nuevas generaciones a darle forma a su vocación, escogiendo una ocupación que se ajuste bien con su diseño. Para poder encontrar estos rasgos, puedes preguntarles cómo se comportan en las diferentes situaciones en las que se desenvuelven; en los círculos cristianos, la pregunta que todos entenderían es: ¿cuál es tu temperamento?

Aunque hemos leído mucho sobre los cuatro tipos de temperamentos —colérico, sanguíneo, flemático y melancólico— tenemos que decirte que este tema debe ser visto con mayor amplitud. La teoría de los cuatro temperamentos en realidad es un punto de partida, pero el tema debe ser tratado más ampliamente para no encasillar a las personas en un tipo de personalidad limitada sino más bien hacerles conscientes de diferentes rasgos de personalidad que pueden aprovecharse en un amplio espectro de ocupaciones.

Cuando hablamos de *rasgos de personalidad* nos referimos a características como el ser conversador o introvertido, atrevido o cauto, innovador o tradicional, tenso o relajado, emocional o racional, etc. Se trata de ayudar a identificar quién es en realidad una persona y no jugar a quién le gustaría ser, ya sea porque quiere parecerse a alguien o porque la presión del entorno lo hace sentir fuera de lugar. Conocerse y agradecer a Dios por quien uno es es el primer paso para darle forma a la vocación. Si no sabes cómo hacerlo, busca personas que conozcan bien del tema; aunque hay herramientas disponibles para identificar nuestros rasgos de personalidad, se requiere del acompañamiento de alguien que sepa cómo interpretarlas y que tenga la capacidad de proveer un *coaching* efectivo que nos dirija en la dirección correcta. Si buscamos en nuestras congregaciones seguramente encontraremos personas preparadas y con el deseo para servir en esta área[4].

4 Puedes visitar https://www.16personalities.com para encontrar una herramienta que puede ayudarte y que contiene material en español.

CAPÍTULO 05

ACOMPÁÑALOS A ENCONTRAR SU «BANDA SONORA»

¿Recuerdas al famoso personaje de película llamado Rocky Balboa? Si no lo recuerdas, deberíamos preguntarte dónde has estado los últimos 40 años. ¡No te sientas mal, es solo una broma! Aquellos que seguimos la secuela de este personaje en el cine recordamos las famosas escenas en las que Rocky entrena hasta el agotamiento preparándose para enfrentarse a un oponente formidable. Uno de los elementos que hacen de esas escenas memorables es la música que la ambienta, la cual cumple dos funciones: conectar a la gente con el momento y generar alta recordación del personaje o la película. Además, la música es un elemento poderoso que produce motivación y movimiento en las personas. ¿Cuántas personas no habrán tomado ánimo para completar sus rutinas de ejercicio escuchando *Eye of the tiger*[1]? Seguramente recuerdas películas como *Star Wars* o *Misión: Imposible* solo por escuchar su banda sonora.

Estamos convencidos de que, si alguien va a darle forma a su vocación en una ocupación u ocupaciones a lo largo de toda su vida, es necesario que identifique cuál es esa melodía que lo mantendrá

1 Este es el nombre de la canción más reconocida de la banda sonora de la secuela de Rocky Balboa.

en sincronía y conexión con Dios y con lo que haga, y que cuando vengan los obstáculos o las adversidades le darán la motivación para vencerlos.

John Maxwell[2] enseña que un llamado se inicia en el interior de una persona cuando su propósito se vuelve más grande que ella misma, es ese tipo de deseo en el corazón que dice «Quiero hacer la diferencia» y crece hasta convertirse en su motor para la vida. Ese llamado es aquello que mueve a la persona y le quita todas las excusas que le impiden hacer algo; es la melodía que mueve su vida. Nadie tendrá que obligarlo a levantarse de la cama para que cumpla con sus sueños si en realidad esos sueños le pertenecen.

Toda vocación tiene una melodía, lo que vamos a llamar una *banda sonora*. Es por ello que nuestros jóvenes deberán conseguir la suya para a darle forma a su vocación. Al leer el capítulo 2 del libro de Éxodo notamos algo particular: Moisés, un hombre criado por la hija del faraón pero hijo de esclavos hebreos —si alguien tuvo problemas de identidad seguro que fue Moisés—, un día pudo observar las penurias del pueblo de Israel. Cuando lo hizo, algo se encendió dentro de él; fue testigo de cómo un esclavo hebreo era golpeado por un egipcio. En su interior sintió una carga que no lo abandonaría por el resto de su vida. Quiso luchar por los oprimidos, quiso liberar a Israel de la opresión egipcia. Puedes leer el resto de la historia en la Biblia: asesinó al abusador, por lo que tuvo que huir y ocultarse muchos años en Madián, donde se estableció y formó una familia.

Aunque la Biblia no describe los pensamientos de Moisés durante todos esos años pensamos que este hombre llevaba en su corazón el sufrimiento de sus hermanos. Tal vez Moisés luchó con su llamado, pero un día Dios —quien no había olvidado a su pueblo— se le presentó y despertó en este hombre nuevamente el deseo de luchar por Israel. Tal vez podamos decir que Moisés fue un poco resistente

---

2 John Maxwell es reconocido como unos de los principales gurús de liderazgo en el mundo. Hace diez años tuve la oportunidad de ser parte del círculo de miembros fundadores de lo que hoy se conoce como el *John Maxwell Team*. Como parte de ese proceso hoy tengo la certificación como coach, orador y entrenador en liderazgo por parte del equipo John Maxwell.

al principio pero, si lo ves bien, se entregó a su tarea con una pasión que lo convirtió en el gran profeta y legislador de Israel.

Un llamado puede cambiar el mundo. Una vocación puede cambiar el mundo. Piensa en Nelson Mandela, Martin Luther King Jr. y Teresa de Calcuta. ¿Qué tienen en común? Una causa que quemaba sus corazones, un sentido de llamado que era más grande que ellos y que hizo que apostaran todo a un estilo de vida particular y que le dio forma a su vocación. Los resultados que produjeron sus vidas retumban hasta hoy y lo harán por siempre.

En otra orilla de la historia de nuestro tiempo, cuando Bill Gates comenzó Microsoft tenía un ideal que se concretó como la misión de la compañía por muchos años: poner «un computador en cada escritorio y en cada hogar». El joven Gates, movido por una pasión interna, estableció un objetivo que buscaba algo más trascendente que al principio no supo definir más ampliamente; sin embargo, con el paso de los años quienes trabajamos en aquella compañía vimos cómo detrás de aquella básica definición existía algo mucho más poderoso. Esto adquirió la forma de una nueva declaración de misión como organización, la cual apuntaba a empoderar a cada persona y a cada organización en el planeta a través del uso de la tecnología.

Estarás de acuerdo con nosotros en que una perspectiva como esta genera mucha más emoción que la sola idea de vender software para computadoras. El resto es historia y, como sabes, el sueño de Gates y otros visionarios de la industria de la tecnología contagió a miles de personas para darle vida a una transformación que cambió el mundo para siempre.

Mandela, King Jr., Teresa, Gates y muchos otros han ayudado a cambiar el mundo para siempre. ¿Cuántos Mandela, King o Teresa habrá en nuestras familias y congregaciones necesitando ser guiados a encontrar su «banda sonora»? Nuestras nuevas generaciones necesitan líderes que se unan a Dios para invitarlos a creer que ellas también pueden hacerlo y contestar afirmativamente a su llamado. No se requiere tener mucho dinero o ser una persona sumamente influyente para que nuestra vocación produzca un impacto positivo en el mundo que nos rodea, sin embargo algo sí podemos asegurarte: en la medida en que le damos forma a nuestra vocación, lo más seguro es que nos convertimos en personas de influencia. Solo tenemos que confiar en Dios, atrevernos a soñar, a desarrollar nuestros talentos, a potenciar nuestros rasgos de personalidad y a descubrir esa banda sonora que Dios diseñó para nosotros y que le dará forma a nuestra vocación. ¿Cómo descubrir esa melodía? Debemos hacernos al menos tres preguntas: ¿qué me hace soñar? ¿Qué de lo que acontece en el mundo a mi alrededor rompe mi corazón? ¿Qué me hace cantar?

Estas tres preguntas apuntan a descubrir lo que consideramos como significativo y que le dará sentido a nuestra vida, guiando todo lo que hagamos. Responderlas nos hace conscientes de los asuntos que son verdaderamente importantes para nosotros, que se relacionan con nuestros intereses particulares y con las acciones que seguramente amaremos al involucrarnos el resto de nuestros días. A lo largo de nuestras vidas hay intereses que vienen y van: lo que un día nos interesa puede ya no llamar nuestra atención otro día; sin embargo, hay intereses que permanecen y permanecerán con nosotros siempre. Esos intereses en particular dicen algo acerca de quiénes somos y para qué fuimos hechos.

Ahora quiero comentarte algo personal, algo de Gabriel. Recuerdo que hace años, cuando era un adolescente y aún no tenía idea de qué iba a hacer con mi vida, sucedió en mi país una gran tragedia que sepultó a toda una población bajo metros de lodo acabando con la vida de decenas de miles de personas. No dudé por un instante en organizarme junto con algunos amigos para comenzar a conseguir ayuda para quienes habían sobrevivido a la catástrofe natural.

Mientras crecía y mis intereses iban clarificándose encontré un tema común en mi vida: disfrutaba de involucrarme en causas que hicieran la diferencia en la vida de las personas menos favorecidas. Esa es la razón por la cual lo que he hecho hasta ahora siempre ha apuntado a sintonizarme con esa melodía; no importa el rol u ocupación que haya tenido, siempre he buscado esa sintonía. Tal vez por eso las cosas que más recuerdo de mis trabajos y ocupaciones relacionados con mi formación profesional y mi servicio en la iglesia tienen que ver con el impacto que éstas trajeron a la vida de personas que enfrentaban situaciones desfavorables. Si alguien quería sintonizarme, solo tenía que tocar esa melodía.

Recuerdo con claridad el día y la forma en que uno de los jefes que tuve en Intel se presentó ante todo el equipo; este hombre venía precedido por una tremenda reputación de inteligencia y logros durante su trabajo en varios frentes de la compañía en diferentes lugares del mundo. Su presentación comenzó con una narración de las limitaciones que durante su niñez tuvo para acceder a la tecnología y luego con un tono emocionado describió cómo él creía que lo que hacíamos en la compañía era muy importante para cerrar la brecha digital en todas nuestras comunidades y de esa forma poder brindarles mejores oportunidades a las nuevas generaciones en las clases menos favorecidas de nuestros países. Como podrás imaginar, estuve en su equipo desde ese mismo día no por obligación ni por cumplir con una asignación ni por ganar dinero, sino porque la melodía que sonaba para él también tenía sentido para mí.

Todos tenemos una melodía que nos mueve y que debemos descubrir para que nuestra vocación tome la forma que Dios desea. Para descubrir sus talentos y rasgos de personalidad los jóvenes tendrán que orar, recurrir a su historia y buscar la ayuda y el consejo de otros. Para encontrar su banda sonora tendrán que trabajar mucho más con Dios mirando en su interior y reflexionando. Pueden contar con lo que otros han observado en ellos, pero se requerirá un alto nivel de sinceridad de su parte para que puedan identificar sus verdaderos intereses.

En este punto el rol de mentoreo es vital de parte de nosotros como adultos. Revisar su historia es el primer paso, pero es posible que un joven llegue a darse cuenta de que su vida está llena de intereses que han ido y venido, careciendo de la claridad que necesita para identificar su melodía. Podría llegar a pensar: «Es que en realidad nada me interesa, no hay algo con lo que me haya conectado verdaderamente». Tu rol será brindar tranquilidad, acompañamiento y guía para que la persona se disponga a escuchar a Dios al plantearse las preguntas: ¿qué me hace soñar? ¿Qué de lo que acontece en el mundo a mi alrededor rompe mi corazón? ¿Qué me hace cantar?

Esto debe incluir una reflexión con respecto a aquellas inclinaciones que han sido evidentes a lo largo de su vida. ¿Observaba con detenimiento a la naturaleza? ¿Se involucraba con causas para ayudar a otros en necesidad? ¿Era el alma de las reuniones? ¿Era capaz de venderle un hueco a sus compañeros del colegio? ¿Siempre tenía una idea de emprendimiento? ¿Arreglaba las cosas que se dañaban? ¿Le encantaba pasar tiempo escuchando a otros? ¿Desarmaba y volvía a armar todo lo que le daban? ¿Jugaba al doctor o la doctora? ¿Le encantaba cocinar? ¿Era la cineasta de su casa? ¿Le encantaba dibujar y escribir historietas?

Max Lucado, en su libro *Cura para la vida común*, escribe: «Siga esa música interior. *Nadie la escucha como usted la escucha. Nadie más la oye como usted la oye»*[3]. Hay una melodía que el Creador del universo compuso para cada uno de nosotros y que necesitamos aprender a escuchar además de sincronizarnos con ella. En algún momento de mi vida me debatía entre la satisfacción de trabajar en el ámbito secular y la sensación que me producía el alejarme de lo que sentía era el verdadero servicio a Dios.

Por años había desechado mi experiencia «no cristiana» como una fuente de análisis con respecto a este tema, había restringido mi perspectiva de lo que se hace para Dios y que tiene significado en la vida como algo que sucedía dentro de las paredes de mi congregación. Pero con el tiempo llegué a comprender por qué disfrutaba tanto lo que hacía como parte de mi carrera profesional: cada vez que lograba operar desde mis talentos naturales, que me sintonizaba con mi melodía y exaltando a Dios en el proceso —hablaremos

---

3 Max Lucado, *Cura para la vida común* (Nashville: Caribe-Betania, 2005), pág. 3.

de esto más adelante— estaba operando desde lo que Lucado llama «el punto óptimo», algo que él define como «una zona, una región, un recinto que fue [fuiste] destinado a habitar cuando lo crearon»[4].

La Biblia nos dice que «somos creación de Dios, creados en Cristo Jesús para hacer las buenas obras que Dios de an*temano ya había planeado*» (Efesios 2:10). Nota que en este versículo se conectan dos cosas de manera clara: el hecho de que somos creados por Dios y la verdad que señala que él ha planeado unas obras específicas para nosotros. Somos creación de Dios y él nos diseñó para vivir y para operar desde una zona que incluye unas obras muy específicas que ha planeado para cada uno. Hay una zona en la que una banda sonora suena para nosotros y nos sincroniza con las obras que Dios desea llevar a cabo en esta tierra. ¿Dónde se han de llevar a cabo esas obras específicamente? ¿Cuáles son esas obras? ¿Cómo todo esto se conecta para poner en acción la vocación? Le daremos respuesta a estas preguntas en la siguiente sección.

---

4 Lucado, *Cura para la vida común*, págs.1-2.

CAPÍTULO 06

EL PROPÓSITO DE TU VOCACIÓN: EXTENDER EL REINO DE DIOS

Todo lo que hemos hablado hasta este momento debe canalizarse hacia el propósito concreto de nuestro llamado. La finalidad de que cada uno pueda identificar su vocación para orientar la elección de su profesión no se limita a proveer a los creyentes de una ocupación altamente significativa que además provea de recursos para satisfacer necesidades y deseos.

Si amplías la lectura del capítulo 2 de Efesios que citamos anteriormente (incluyendo ahora los versículos que anteceden al décimo) notarás algo muy particular: hay un marcado contraste entre nuestra existencia ahora que hemos recibido una nueva vida con Cristo —recibiendo su salvación por gracia— frente a quiénes éramos y cómo actuábamos antes de que eso ocurriera. Antes estábamos muertos en nuestros pecados y nos movíamos exclusivamente por nuestros propósitos y por nuestra propia voluntad pero ahora, al recibir una nueva vida y una posición especial —estamos sentados con Cristo en los cielos—, nuestro propósito ha sido redefinido claramente: «[...] *demostrar a las generaciones venideras la incomparable riqueza de su amor* [el amor del Padre], *que en su bondad derramó sobre nosotros por medio de Cristo Jesús*» (Efesios 2:7).

Nuestros jóvenes pueden identificar sus talentos naturales, los rasgos de su personalidad y la banda sonora de su vida para alcanzar sus propósitos, para satisfacer sus necesidades y para conseguir sus propios sueños o pueden tomar sus talentos y desarrollarlos mientras operan desde su punto óptimo para demostrar al mundo la incomparable riqueza del amor y la bondad de Dios. Este es el llamado de Dios. Es allí donde su vocación tomará forma pues, como hemos visto, ésta involucra dos aspectos: el llamado de Dios y su respuesta a ese llamado.

Si le preguntas a un cristiano evangélico promedio acerca de cuál es el llamado que hemos recibido como creyentes, es probable que te conteste citando lo que conocemos como la gran comisión: «*Por lo tanto, vayan y hagan discípulos en todas las naciones. Bautícenlos en el nombre del Padre, del Hijo y del Espíritu Santo, y enséñenles a obedecer los mandamientos que les he dado. De una cosa podrán estar seguros: estaré con ustedes siempre, hasta el fin del mundo*» (Mateo 28:19-20). Aunque la respuesta en sí es correcta, el entendimiento que tenemos de este llamado es, en cierto sentido, incompleto.

En los últimos años hemos reducido el hacer discípulos a lo que podemos describir como la tarea del evangelismo o la búsqueda de la conversión de las personas a través de la comunicación del mensaje bíblico, apuntando a la salvación de las almas para que ellas puedan pasar la eternidad con nuestro Creador en el reino de los cielos; para ello, hemos desarrollado programas y estructuras que se centran en el alcance y la consolidación de los no creyentes con el fin de enseñarles a obedecer los mandamientos que Dios nos ha dado.

Se han hecho innumerables esfuerzos evangelísticos y se han invertido millones en estructuras que atiendan a las personas que son ganadas a través de dichos esfuerzos. Si somos honestos, a veces incluso se ha puesto una presión asfixiante sobre los miembros para que cumplan con las metas de evangelización de sus congregaciones y hemos sometido a las personas a un activismo que yo podría llamar desenfrenado con el fin de mantener a la gente «creciendo» y conectada con la iglesia.

Como resultado de todo este esfuerzo por cumplir con la gran comisión hemos visto el surgimiento de las congregaciones más grandes de las que hasta el momento se haya tenido noticia en Latinoamérica y se habla incluso de grandes avivamientos en diferentes lugares de la región; hoy en día el número de cristianos que asisten a nuestras congregaciones a lo largo y a lo ancho de nuestro continente es tan grande que atrae la atención de los políticos de turno, así como la de los productores de contenidos de entretenimiento.

Paradójicamente, ese crecimiento es inversamente proporcional al impacto que el cristianismo de nuestro tiempo produce en nuestra cultura. Cuando nos referimos a la cultura tenemos en mente lo que Clyde Kluckhohn[1] definió como «todos los modelos de vida históricamente creados, explícitos e implícitos, racionales, irracionales y no racionales, que existen en cualquier tiempo determinado como guías potenciales del comportamiento de los hombres». Si lo piensas bien, contrario a los que muchos sostienen, el impacto del cristianismo en nuestra cultura en Latinoamérica es muy pequeño.

Quizás podemos aclarar rápidamente esta afirmación haciendo algunas preguntas relacionadas con varias dimensiones de nuestra cultura, como son la dimensión política, la dimensión económica, la dimensión social, la que tiene que ver con la ciencia y la tecnología, la dimensión estética y la de valores entre otras. ¿Cuántos verdaderos cristianos hoy lideran nuevas formas de gobierno y fomentan sistemas de gestión pública que estén en sincronía con los principios de la Biblia? ¿Cuánto influyen los principios cristianos sobre aquellos que impulsan las decisiones que afectan a nuestros países y a nuestras comunidades? ¿Cómo ha cambiado la manera

---

1 A.L. Kroeber & Clyde Kluckhohn, Culture, a critical review of concepts and definitions (Cambridge, Massachusetts: Harvard University, 1952), pág. 50.
http://www.pseudology.org/Psyhology/CultureCriticalReview1952a.pdf
(Clyde Kluckhohn fue un antropólogo y sociólogo estadounidense cuyo trabajo se enfocó en el desarrollo de teorías y modelos sobre cultura)

de hacer política en nuestros países en relación con el crecimiento que han tenido nuestras comunidades? ¿Cómo ha ayudado el crecimiento del cristianismo a reducir la injusticia social, a disminuir la corrupción, a preservar el medio ambiente, etc.? ¿De qué manera el crecimiento del cristianismo ha ayudado a que mejoren las condiciones de los trabajadores en nuestros países? ¿Qué sistema económico ha sido propuesto por cristianos estudiosos y expertos en la materia que contribuya al desarrollo sostenible de nuestros países?

¿Por qué si el cristianismo ha crecido tanto, instituciones como la familia y el matrimonio como las presenta la Biblia no son valoradas por el conjunto de la sociedad? ¿Por qué no hay más científicos cristianos produciendo avances que mejoren la calidad de vida de nuestras sociedades? ¿Por qué no hay más cristianos liderando el desarrollo de la ciencia en nuestros países? ¿Por qué aun los jóvenes que asisten a nuestras iglesias consumen contenidos musicales y visuales abiertamente contrarios a los principios bíblicos? ¿Por qué quienes definen en nuestra sociedad qué es lo que es bonito o feo, lo bueno o lo malo, son personas con un estilo de vida completamente contrario al estilo que promueve la Biblia y aun los mismos creyentes adoptan tales definiciones? ¿Por qué si somos tantos creyentes la violencia es tan alta en nuestros países?

Podríamos continuar haciendo preguntas, pero el punto es claro. ¿Es importante hacer estas preguntas? ¿En realidad es necesario que los creyentes impactemos las diferentes dimensiones de nuestra cultura? ¿No basta solamente con predicar el Evangelio, salvar las almas y esperar a que Jesús venga por su iglesia nuevamente? Y de ser necesario impactar nuestra cultura, ¿por qué y cómo debemos hacerlo?

El poco impacto del cristianismo sobre nuestra cultura en Latinoamérica encuentra su origen en tres razones fundamentales: la primera es una conceptualización inadecuada de nuestro llamado que lleva a una acción incompleta de los creyentes; la segunda se relaciona con la carencia de una verdadera cosmovisión bíblica en medio del pueblo cristiano y la tercera se define como la falta de una verdadera sanidad y madurez emocional de los miembros de nuestras congregaciones.

Conversemos en esta sección de la primera razón y cuando más adelante hablemos del cuarto ingrediente que le da forma a la vocación explicaremos la segunda. La tercera será tema para otra conversación, en otro libro o por otros autores.

UN LLAMADO CORTO, UNA ACCIÓN CORTA

Cuando Jesús llama a sus seguidores a hacer discípulos entre todas las naciones y a enseñarles a obedecer los mandamientos que les ha dado no se refiere solamente a enunciar una serie de ordenanzas de tipo ético. Si analizamos bien las enseñanzas completas del Señor tenemos que reconocer que el Maestro le dio un gran valor a la aplicación práctica que sus enseñanzas debían tener sobre la vida de aquellos que se llamasen sus seguidores.

Es por eso que leemos en la Biblia cuestionamientos que el mismo Jesús hace, como el que menciona el evangelio de Lucas: «¿Por qué me llaman *"Señor, Señor", si no me obedecen?*» (Lucas 6:46). El Señor no estaba limitando sus mandatos a porciones específicas de la Biblia que se referían a la salvación eterna del alma o a la ética individual sino que incluía todos los aspectos de la vida, contenidos en lo que él consideraba como Palabra de Dios, de la cual dijo: «*no vayan a creer que vine a anular la ley de Moisés y las enseñanzas de los profetas. Al contrario, vine a darles su verdadero significado*» (Mateo 5:17).

Cuando habla de «la ley [...] y los profetas» Jesús estaba refiriéndose a lo que nosotros conocemos hoy como el Antiguo Testamento. ¿Qué relevancia tiene esto para la reflexión sobre nuestra vocación? Pues que en uno de los libros del Antiguo Testamento —de hecho, en el comienzo del mismo— encontramos lo que algunos autores han denominado el mandato cultural que Dios dio al ser humano inmediatamente después de que lo hubo creado: «*Luego*

Dios los bendijo [al hombre y a la mujer] *y les dijo: tengan muchos hijos, para que llenen toda la tierra, y la administren*» (Génesis 1:28). ¿Cuál fue la tarea que se le dio al ser humano? Ser fructífero, multiplicarse, aprovechar el mundo natural, administrarlo; en otras palabras, crear una sociedad donde Dios reinará y los seres humanos creados a su imagen —alegremente sometidos a su reinado— administrarán la creación de una manera que lo honrará a él y traerá beneficio para ellos. Ese es el mandato cultural, y como afirma Nancy Pearcy: «*El mandato cultural nos enseña que el sentido de realización depende de ocuparse en un trabajo creativo, constructivo. El ideal de la existencia humana no es alcanzar una eternidad de tiempo libre o vacación interminable —ni siquiera retirarse a un monasterio para orar y meditar— sino en el esfuerzo creativo dedicado a la gloria de Dios y el beneficio de los demás. Nuestra vocación no solo consiste en "acceder al cielo" sino cultivar la tierra, no solo "salvar almas" sino también servir a Dios con nuestro trabajo. Porque el mismo Dios no solo se ocupa de la obra de salvación (gracia especial) sino también de la obra de preservación y desarrollo de su creación (gracia común). Cuando obedecemos el mandato cultural participamos de la obra del mismo Dios como agentes de su gracia común*»[2].

En realidad se ha conceptualizado erróneamente el llamado de los creyentes al limitar la extensión del reino de Dios meramente a lo que llamamos la predicación del evangelio y todas las tareas que se consideran asociadas a esa predicación. Por lo general, éstas toman lugar dentro de las congregaciones cristianas o en actividades de evangelismo fuera de ellas.

Esa limitada conceptualización ha desconectado la salvación individual de la realidad y las demandas de este mundo actual. La iglesia ha sido fiel en enseñar que «*lo más importante es que* [los creyentes] *primero busquen el reino de Dios, y hagan lo que es justo. Así, Dios les proporcionará todo lo que necesiten*» (Mateo 6:33), pero ha descuidado una buena explicación de lo que ello significa y la

---

2 Nancy Pearcy, *Verdad total. Libera al cristianismo de su cautiverio cultural.* (Tyler, TX: JUCUM, 2015), pág. 51.

promoción de una buena práctica asociada a esta explicación, permitiendo que se enquiste en medio de ella una idea equivocada del papel de los creyentes en medio de nuestra sociedad. Si vamos a darle forma a nuestra vocación necesitamos entender qué significa «buscar el reino de Dios» y cómo esto está asociado al llamado de Jesús en la gran comisión, al mandato cultural y a lo que decidamos hacer por el resto de nuestras vidas.

CREACIÓN, CAÍDA Y REDENCIÓN

El capítulo 1 del libro de Génesis nos dice que cuando Dios terminó la obra de la creación de la tierra y de los seres que la habitan *«[...] contempló todo lo que había hecho, y vio que era muy, pero muy hermoso [...]»* (Génesis 1:31). Podemos decir que el rey del universo estableció en este pequeño punto del cosmos un lugar donde su reino también se establecería y todo lo creado proclamaría la obra de sus manos y le daría gloria como el resto del universo lo hace (Salmos 19:1).

En este hermoso planeta Dios creó a un ser muy especial: el ser humano. Este ser fue creado a la imagen de Dios, lo que lo dotó de excepcionales capacidades que le permitirían administrar toda la tierra en representación de su Creador. La voluntad fue una de esas capacidades; a través de ella Dios le dio al ser humano la posibilidad de decidir con libertad lo que deseaba o no hacer, y eso incluía el obedecerle o no.

Cuando el ser humano decide no obedecer a Dios renuncia a la autoridad que Dios le había dado para administrar la tierra y se la entrega a aquel que lo engañó: Satanás. Inmediatamente, no solo los seres humanos sino toda la creación quedan sometidos a las consecuencias de vivir separados de Dios, lejos de su diseño original. Eso es lo que conocemos como *la caída*: el pecado entra al mundo por la desobediencia humana y trae como consecuencia muerte y destrucción. Cada aspecto de la vida queda afectado y ahora vemos al ser humano en conflicto con Dios, consigo mismo, con los demás y con la creación. El dolor, la enfermedad, la desigualdad, la injusticia, la pobreza, los desastres y la muerte ahora toman lugar en un mundo que no fue creado para experimentar tales cosas. Una parte del universo, la Tierra, entra en rebelión contra el reino de Dios.

El Señor sigue siendo el soberano de todo el universo pero su voluntad perfecta deja de hacerse en la Tierra; el establecimiento del reino de Dios en este planeta se detiene, aunque temporalmente. Ese Dios, quien ha tomado la decisión de crear al ser humano para que sea libre —única opción posible basada en su carácter amoroso—, es también el Dios omnisciente que prevé los riesgos de tal decisión.

Por ello, ha diseñado con anticipación lo que conocemos como *el plan de redención* o el plan de rescate para finalmente llegar a establecer su reino en esta tierra sin violentar el libre albedrío del hombre que él mismo le concedió. Ese plan de salvación implica que un hombre perfecto —anunciado inmediatamente después de la caída y a quien conocemos por el nombre de Jesús— cumpla amorosa, perfecta y voluntariamente el deseo divino: pagar por el pecado de la humanidad y resucitar de entre los muertos venciendo a la muerte y deshaciendo las obras de Satanás, abriendo así las puertas del reino de Dios en esta tierra nuevamente y trayendo libertad al ser humano, para que ahora pueda vivir lleno del Espíritu de Dios al rendirse voluntariamente al señorío de Jesús y así colaborar con él para extender su reino en esta tierra y restaurar cuanto sea posible de esta creación. Nunca podemos perder de vista que el plan de salvación o redención tiene consecuencias no solo eternas sino presentes.

Al leer los evangelios con detenimiento uno no puede evitar preguntarse si como iglesia hemos entendido y enseñado correctamente las buenas noticias a las que comúnmente llamamos «el evangelio». Es claro que la obra redentora de Jesús se encuentra en el centro de los mismos. Esas son buenas noticias: el hombre pecador, sin posibilidad alguna de redención por sus propios medios y de reconciliación con su Creador, puede experimentar el perdón y la salvación gracias a lo que Cristo —Dios hecho hombre, el Mesías siervo— vino a hacer al morir en la cruz y resucitar al tercer día.

Dios vino a buscar y salvar lo que se había perdido. Pero al leer los evangelios uno se da cuenta de que las buenas noticias tienen más detalles importantes: *Dios nos salva para algo*, y ese algo no se limita a esperar a vivir en una eternidad metafísica en comunión con él. La venida del hijo de Dios, el Mesías, indica algo más; así lo relatan los evangelios.

En sus páginas encontramos la mención no solo de la venida de un siervo sufriente sino que ese siervo es el Cristo, el *Kyrios*[3], el Señor, que ha venido a establecer de manera definitiva su señorío en este pequeño punto del universo en donde la rebelión contra el reino de Dios persiste. Los evangelios nos hablan no solo de la venida de esta persona tan especial sino de la presencia misma de su reino en medio de la humanidad gracias a su venida, nos hablan de una salvación no solo en el sentido metafísico sino de una transformación que impacta el hoy y el ahora pues trae la voluntad de Dios al tiempo y al espacio en los que tú y yo vivimos, a la historia humana.

Es de hecho esa venida la que ha determinado el devenir de la historia en los últimos veintiún siglos. La sensación que uno tiene al leer los evangelios es que predicar solo la salvación individual sin consecuencia alguna para la realidad en la que vivimos es algo incompleto, es como dejar a las personas a las puertas del reino pero no enseñarles a vivir en él; es como posponer su realidad para un futuro. No hablar del reino es cercenar en gran parte los evangelios.

LA REALIDAD DEL REINO DE DIOS

¿De qué se trata este asunto del reino? ¿Qué implicaciones tiene para tu vida y para tu vocación? Este reino es una realidad tanto presente como futura, es una realidad presente que comenzó a

3 *Kyrios* es una palabra griega que se traduce en español como «Señor».

avanzar contra viento y marea desde que Juan el Bautista comenzó a anunciarlo y que requiere de esfuerzo para aferrarse a él (Mateo 11:12, Lucas 16:16).

La realidad de ese reino se hizo concreta en Jesús, quien señaló que «[...] *el reino de Dios ya está entre ustedes*» (Lucas 17:21) pero también es una realidad futura en el sentido de que su plenitud solo podrá ser disfrutada en lo que se denomina «el final de los tiempos», cuando «[...] *los justos brillarán como el sol [...]*» (Mateo 13:43) y la historia confluirá de acuerdo con los propósitos divinos, siendo entonces cuando el Padre concederá la herencia que ha preparado desde la creación del mundo para aquellos que son parte de ese reino (Mateo 25:34) y en donde el mismo Jesús compartirá la mesa con ellos (Marcos 14:25).

Así que el reino de Dios es una realidad presente —aunque incompleta— tanto como una realidad futura —cuando será establecido en su totalidad—. «Avanzar el reino de Dios» no se limita simplemente a predicar las buenas noticias con la esperanza de que las personas vivan una eternidad en condiciones ideales con Dios como padre y rey soberano, donde su voluntad será hecha para siempre y su amor se disfrutará plenamente, sino que necesariamente implica el reordenar las prioridades del ser humano para alinearlas con el propósito divino (Mateo 6:33, Lucas 12:31).

Dios se ocupa tanto de la eternidad como del estado presente de este mundo. El reino como realidad actual es la manifestación efectiva de Dios en este tiempo en cada lugar donde su conocimiento es esparcido y su voluntad es hecha, donde las personas se rinden a su señorío y los creyentes se convierten en sus agentes de transformación. Por lo tanto, si tú has rendido tu vida a Jesús, el Señor, has recibido el llamado de ser agente de transformación para esta tierra.

Debido a ello Dios te concedió unos talentos naturales y unos rasgos específicos de personalidad y diseñó una banda sonora que suena bien para ti, de manera que puedas tocarla junto con él y convertirte en un agente de transformación y de redención para este mundo. De eso se trata la parábola de las monedas de oro —o de los talentos, como la conocen muchos— que Jesús utilizó para enseñar a la gente de su tiempo y que está registrada en el evangelio de Mateo en el capítulo 25 (espero que la conozcas y puedas recordarla; de no ser así toma tu Biblia, léela y conéctate con lo que voy a tomar de ella aquí).

Hubo un hombre que tenía que viajar a otro país y llamó a tres de sus siervos a quienes les dio dinero; acto seguido, los instruyó para que lo invirtieran bien durante su ausencia. Jesús nos presenta un detalle importante en la narración de la parábola: la cantidad de dinero fue asignada de acuerdo con las capacidades que el jefe observaba en cada uno de sus siervos. Dos de ellos fueron arriesgados e invirtieron inteligentemente consiguiendo doblar el capital que su jefe les había asignado; por el contrario, el tercero fue temeroso y decidió «asegurarse», enterrando el dinero y no produciendo ganancia alguna. Cuando el jefe regresó les pidió cuentas, felicitando a los dos que produjeron ganancias y dándoles mucho más pues habían demostrado ser personas fieles e idóneas, pero al que fue temeroso y pretendió jugar a lo seguro no produciendo nada lo reprendió y lo echó fuera de su presencia.

Hay varias cosas que llaman la atención en esta parábola. Lo importante no es la cantidad de dinero que se reparte, ya que el jefe la reparte de acuerdo con lo que conoce de las capacidades de sus siervos. Recuerda bien: tu diseño es único, no estés comparándote con otros y con lo que ellos recibieron. Cada uno de los siervos que produjo beneficios se enfocó en lo suyo, y no vemos al segundo siervo discutiendo con el jefe: «¿Por qué al primero le das más que a mí?» sino que lo vemos enfocado en desarrollar lo que su jefe le ha dado a él. Enfócate en reconocer los talentos naturales que has recibido y desarrollarlos al máximo; agradece a Dios por tus rasgos de personalidad y disfruta de quien eres. Dios te pide que uses todo eso para extender su reino.

Aunque esta parábola habla de dinero y puede tener una aplicación en lo referente al tema financiero, se trata primordialmente de un jefe que tiene unos intereses específicos y unos siervos de los que espera que den lo mejor para multiplicar esos intereses. Los intereses del jefe de la parábola están relacionados con el dinero, mientras que los intereses de Dios están relacionados con la extensión de su reino con el fin de traer salvación eterna y restauración a la vida de las personas en el aquí y el ahora.

Dios está interesado en que su reino se haga efectivo en esta tierra en nuestras vidas, en nuestras comunidades, en nuestros países; por esa razón Jesús nos enseñó a orar: «*Padre nuestro que estás en los cielos, santificado sea tu nombre. Venga tu reino y cúmplase en la tierra tu voluntad como se cumple en el cielo*» (Mateo 6:9-10). Somos agentes para extender el reino de Dios en esta tierra no solo a través de la oración o de la predicación sino a través de nuestras acciones, dando forma a nuestras vocaciones y encarnándolas en nuestras ocupaciones.

Por eso Jesús también dijo: «*Ustedes son la sal del mundo. Si la sal pierde el sabor, ¿para qué va a servir? [...] Ustedes son la luz del mundo [...] ¡Así dejen ustedes brillar su luz ante toda la gente! ¡Que las buenas obras que ustedes realicen brillen de tal manera que la gente adore al Padre celestial!*» (Mateo 5:13-16). Hay una conexión entre lo eterno con el aquí y el ahora, y es por eso que encontramos numerosas referencias en la Biblia donde Dios llama al ser humano a ayudar al pobre, a encargarse de las comunidades vulnerables[4], a practicar la justicia, a hacer negocios honestamente, a pagar adecuada y puntualmente a los trabajadores, a respetar a las mujeres, a los niños y a los ancianos, a emprender negocios que beneficien ampliamente a las comunidades, a que vivamos como es digno de nuestro llamado. ¿Recuerdas que mencionamos la importancia de la fe en relación con la vocación? Pues bien, recuerda —y recalca a los jóvenes— que la fe cristiana es una fe que salva y que redime en un sentido mucho más amplio del que hemos aprendido.

4 Las viudas y los huérfanos eran las comunidades más vulnerables en los tiempos bíblicos, lo que explica el énfasis que Dios hace en cuidarlos. Además de estas, en nuestro tiempo existen muchas comunidades vulnerables que como cristianos estamos llamados a ayudar (por ejemplo: víctimas de desplazamiento forzado, niños abandonados y abusados, hombres y mujeres víctimas de la trata de personas, etc.).

Podemos pensar que si tenemos tan poco impacto en nuestra cultura es porque la sal se quedó en el salero y que cuando eso sucede se vuelve insípida. Podemos pensar que hemos escondido nuestra luz en nuestras congregaciones haciendo una diferenciación entre lo sagrado y lo secular, que lo único que ha permitido es el mayor deterioro de nuestra sociedad y ha privado a otros de experimentar el regalo de una relación con Dios que impacta la realidad presente y trasciende hasta la eternidad. Podemos pensar que hemos jugado a lo seguro, que hemos tenido miedo de salir de nuestros guetos y enfrentarnos a la sociedad, no con un mensaje de condenación y criticando todo lo que no nos gusta sino amando a otros y respondiendo a las necesidades sentidas de nuestro tiempo, de nuestras comunidades y de nuestra sociedad con nuestras vidas y nuestras vocaciones además de nuestras predicaciones.

DIOS NO HA RENUNCIADO A SU CREACIÓN, NO RENUNCIES TÚ

Nuestro mensaje es un mensaje de redención que abarca no solo la eternidad sino la actualidad. Eso entendió la iglesia de los primeros siglos: su fe cristiana trajo redención en un sentido amplio. Si estudias la historia del cristianismo te darás cuenta de que los creyentes antiguos inspirados por un verdadero encuentro con Dios que había transformado sus vidas llevaron esa transformación a las esferas más importantes de la sociedad de su época. Las mujeres y las niñas eran consideradas cosas en el imperio romano pero el cristianismo le devolvió el valor a la mujer; los esclavos padecían tratos humillantes, mientras que los cristianos –amos y esclavos— eran desafiados a tratarse como hermanos.

Fue revolucionario que Pablo escribiera a las comunidades cristianas en donde convivían amos y esclavos que se saludaran con un beso santo. Es algo en verdad revolucionario: con el tiempo, la esclavitud en Roma desaparecería gracias al cristianismo. Podríamos citar muchos más ejemplos de cómo la fe cristiana impactó su realidad dando como resultado que millones de personas se rindieran a los pies de Jesús. Se mezclan un poco de molestia y vergüenza cuando vemos que personas que comúnmente denigran el cristianismo enarbolan banderas que no podrían levantar si la fe cristiana no hubiera existido. La igualdad entre los seres humanos, la justicia social, el derecho a la vida, el progreso, etc. son logros de la fe cristiana. ¿Qué nos pasó?

Quizás podemos encontrar una respuesta citando al pastor y autor Pablo Deiros: «*Ha habido una tendencia a "espiritualizar" el Evangelio desligándolo de toda implicación social y política. Esto está ligado a un énfasis individualista de la fe cristiana, lo cual produce una teología de consumo interno, local, intimista, que mira hacia dentro de la comunidad de fe, niega la realidad del mundo y no responde a los interrogantes básicos de la existencia social*»[5].

Nos hemos encerrado en nuestras congregaciones a disfrutar de la salvación de nuestras almas, a desarrollar ambientes de adoración que honren a Dios por ello y a crear programas y actividades que formen buenas personas, personas fieles a quienes llamamos discípulos de Jesús. Siguiendo el llamado de la gran comisión hemos ido a buscar a muchas personas, les hemos predicado y las hemos traído a las congregaciones para bautizarlas y enseñarles. Al final, las hemos dejado allí, encerradas en la rutina de asistir a nuestras reuniones de fines de semana —o entre semana— o de desarrollar un servicio en diferentes frentes dentro de la congregación. No ignoramos que algunos hemos hecho esfuerzos por activar a los creyentes en lo que tiene que ver con la obra social o la labor misionera; hay frutos hermosos de esa labor en muchos frentes, pero aún es insuficiente si observamos la realidad de nuestros países. El asunto es que las personas en nuestras congregaciones tienen la idea de que ese tipo de trabajo es para un grupo de personas muy especiales a las que llamamos «misioneros».

Esta palabra designa a aquellos que salen de nuestras cuatro paredes y van adonde el Señor les envíe, armados de su vocación para ayudar a comunidades necesitadas en lugares lejanos. Para

5 Pablo Deiros, *Historia global del cristianismo* (El Paso, TX: Mundo Hispano, 2016), pág. 1247.

ese grupo reducido de personas, toda nuestra admiración y respeto: hombres y mujeres valientes dispuestos a hacer la diferencia en este mundo.

Sin embargo, aún no hemos conocido al primer pastor o líder de agencia misionera que diga que tiene exceso de personas para servir en estos frentes. ¿Y qué pasa con el resto de los creyentes? Ellos están adorando a Dios en las congregaciones. «Adorar», un término que se ha malentendido en la iglesia de hoy. La adoración debería resumirse en rendir completamente nuestra vida a Dios para que su voluntad sea hecha en nosotros y a través de nosotros en nuestras familias y en nuestro entorno. Ten cuidado de no confundir la adoración con un tiempo emocional de cantar en la congregación; la gente puede llorar, saltar, cantar *a grito herido* y aun así no rendir toda su vida a Dios. Jesús le dijo a la mujer samaritana que el Padre busca gente que lo adore en espíritu y verdad, en comunión con él y en todas las áreas y facetas de su vida. Esto incluye nuestra vocación. Como Andrew Scott escribió: «[...] *en un sentido, nuestra adoración debe ser mayor fuera de las paredes de la iglesia que dentro de ellas [...] Si nuestros actos de adoración en el mundo, el compartir el amor de Jesús a través de nuestras vidas, fueran tan entusiastas y extravagantes como nuestros tiempos de cantar, nuestro mundo sería un lugar diferente*»[6].

Tal vez es tiempo para dejar de llamar *misioneros* a un grupo especial de personas en nuestras congregaciones y comenzar a vernos todos como misioneros. Todos los creyentes, sin excepción, estamos en misión hoy. La caída no hizo que Dios renunciara a su creación y a establecer su reino en ella; si Dios no ha renunciado a su creación tampoco debe hacerlo su iglesia. Nuestra misión es hacer discípulos que vivirán eternamente adorando a Dios en espíritu y verdad. Adoran con todo lo que son, con todo lo que hacen, con todo lo que saben y con todo lo que tienen en una eternidad que comenzó para ellos el mismo día que Jesús los hizo nacer de nuevo.

---

6 Andrew Scott, *Scatter. Go therefore and take your job with you* (Chicago: Moody Publishers, 2016), págs. 32-33.

La eternidad no está pospuesta para el día en que muramos, la eternidad ya comenzó para nosotros; por lo tanto, este es el día en que debemos adorar a Dios con todo nuestro ser —incluida nuestra vocación—, lo que necesariamente tendrá un efecto en nuestra sociedad. Como afirma Pablo Deiros, si nuestra experiencia con Dios es transferida al plano meramente escatológico estamos privando al Evangelio de su pertinencia y contemporaneidad[7].

Cuando trabajamos y hacemos negocios a la manera de Dios estamos redimiendo lo que él mismo creó como un regalo para el ser humano y lo adoramos a él. Dios no nos creó para pasar una eternidad tocando arpas y liras sino que, como lo indica el libro de Génesis, le dio al ser humano una labor; el trabajo no fue un castigo sino una idea divina, y aunque la caída contaminó a Adán y a Eva —así como a todo lo que el ser humano pueda desarrollar— la obra de Jesús trajo redención no solo a nuestras almas sino que nos posibilita el redimir todo lo que Dios creó o nos permitió crear y hacer.

Cuando entendemos esto y actuamos en consecuencia estamos extendiendo el reino de Dios. Tu diseño y tu banda sonora te fueron dados para que te unieras al llamado de Dios para rescatar la creación y para extender el reino de Dios, al igual que para cada joven que guías.

Jesús vino a deshacer las obras de Satanás y eso incluye esta realidad presente. El diablo vino para matar, robar y destruir pero Jesús vino para darnos vida y vida extraordinaria en todos los aspectos, ¿lo recuerdas? Por lo tanto, demos forma a nuestra vocación, orientando nuestro diseño y nuestra banda sonora para extender el reino de Dios y rechacemos esa división que se ha hecho entre lo secular y lo sagrado. Tengamos presente que toda ocupación humana puede ser consagrada a Dios para redimir nuestra cultura en cuanto sea posible, y así llevar a las personas a que adoren al Padre celestial.

---

7 Deiros, *Historia global del cristianismo*, pág.1248.

Si lo tuyo es el arte, desarróllalo hasta el máximo potencial y haz un arte que honre a Dios y haga que las personas adoren a Dios, no lo encierres en el salero. ¿Qué quiere decir esto? Expliquémoslo con la música. Pareciera ser que la única música aceptable que nuestros jóvenes hoy pueden crear es la que se ha denominado «música cristiana», que es una música con una letra que entendemos nosotros los cristianos, que nos mueve a nosotros y en la cual fundamentamos nuestros ambientes de adoración; mientras tanto, nuestra sociedad celebra con canciones de artistas que denigran a la mujer y tuercen la idea de la sexualidad.

Con todo el talento que hay en nuestras congregaciones a lo largo y a lo ancho de Latinoamérica, surge la pregunta: ¿por qué no somos capaces de producir música que llegue a gente que no es cristiana? ¿Por qué tenemos que copiar estilos anglosajones cuando tenemos una riqueza cultural increíble en nuestro propio folclore y tenemos la posibilidad de mezclar y crear nuevos sonidos que lleguen a personas fuera de nuestras congregaciones? Es que nos hemos dedicado a redimir las almas pero no a nuestra cultura, nos hemos encerrado a la espera de la segunda venida de Jesús mientras que nuestra sociedad se descompone frente a nuestros ojos.

En esos guetos que hemos creado para nosotros —porque somos nosotros los que nos hemos aislado— se ha desarrollado una subcultura propia con un lenguaje muy particular. Sin proponérnoslo hemos desarrollado un dialecto al que llamamos *cristianés*. Es que los cristianos lo hablamos y por supuesto hay diferentes niveles: *cristianés 1*, *cristianés 2*, *cristianés 3* y *cristianés avanzado*. Si somos francos, tenemos que reconocer que hablamos raro para la gente de hoy: gritamos «de júbilo», vivimos «bendecidos y en victoria», nos preocupa demasiado «el devorador» y de vez en cuando «remolineamos», mientras que nuestras nuevas generaciones se desconectan porque no entienden de qué se trata todo lo que hablamos.

Pero no limitemos el arte solamente a la música: piensa en la pintura, la escultura, la literatura, la danza o la arquitectura, piensa en las variaciones que puedes tener de estas artes a través de la ciencia y la tecnología como la fotografía, la multimedia, el cine, etc. Todas estas artes pueden y deben ser redimidas; no se trata solamente de hacer arte al que le coloquemos el rótulo de «cristiano», se trata de hacer arte en la forma más bella y excelente que honre a Dios. Así lo entendieron en el pasado personas como Händel, Bach, Stravinsky, C. S. Lewis y Tolkien, solo por nombrar algunos.

Podemos ser sal y luz en cualquiera de las dimensiones de nuestra cultura; si alguien descubre que lo suyo es la ciencia y la tecnología, hay demasiadas cosas apasionantes por hacer allí. La fe no es incompatible con la ciencia como muchos quieren hacerlo ver hoy sino que por el contrario podría darle sentido a lo que ella hace y descubre a través de los ojos de la fe. Dios nos reveló en su Palabra todo lo que consideró pertinente revelar referente al plan de redención para nuestra vida y esta creación, pero nos ha dado la oportunidad de descubrir, de progresar y de pensar, todo esto con el objetivo de mejorar la calidad de vida de quienes habitan este planeta. ¿No es acaso eso parte de redimir esta creación? Por supuesto que sí.

Así que cuando hacemos ciencia descubrimos y explicamos aquello que Dios ya ha creado y conoce, y en cierta medida conocemos algo más de su poder y majestuosidad; también nos hacemos partícipes de su capacidad creativa, pues él mismo nos dio su imagen para que podamos crear.

Los creyentes debemos ser los más creativos, usar la razón que Dios nos ha dado para honrarlo y para desarrollar la ciencia y la tecnología a unos niveles de excelencia y propósito que rediman la creación en cuanto sea posible en el presente. Es por eso que los cristianos debemos participar y liderar en causas como la de combatir el cambio climático a través del desarrollo de formas alternativas de energía o productos basados en ellas, o el desarrollo de tecnologías que suplan necesidades y traigan desarrollo a comunidades pobres en todo el mundo, o el avance de la medicina, la nutrición, etc.

Nuestra conversión debe dar nueva dirección a nuestros pensamientos, a nuestras emociones y a nuestra voluntad. Pablo nos invita en la carta a los romanos a entregarnos como «sacrificio vivo y santo», a ser diferentes en cuanto a nuestra conducta y forma de pensar (Romanos 12:1-2). En la redención todas las cosas se hacen nuevas: debemos tener un acercamiento diferente a nuestra cultura y en general al mundo. Hay elementos que pueden ser redimidos.

Aunque toda la cultura esté impregnada de pecado —como lo está todo ser humano—, cuando Dios viene y redime a un hombre o a una mujer puede redimir todas las áreas de la vida de esa persona. Hemos aprendido a tener miedo del mundo porque éste «nos contamina», hemos satanizado muchos elementos culturales y se los hemos entregado a quienes no aman a Dios, hemos crecido refiriéndonos a quienes no asisten a nuestras iglesias como «cananeos, paganos e incircuncisos», olvidando que dichos términos no se usaban para descalificar a las personas sino para describir grupos humanos particulares.

Si vemos así al mundo que nos rodea, ¿con qué actitud iremos a buscar a aquellos que aún no conocen a Jesús? Si nos olvidamos de que Dios amó tanto a este mundo, ¿con qué motivación iremos a servir a todos los que lo habitan? Si no nos preparamos y servimos en todos los campos de nuestra sociedad, ¿cómo podremos influenciar a este mundo? Como Nancy Pearcy afirma, «la redención no es solo para ser salvados del pecado sino ser salvos para algo. Para reanudar la tarea para la que fuimos originalmente creados [...] Esto significa que la profesión o el trabajo vocacional no es una actividad de segunda clase, algo que solo se hace para poner comida en la mesa. Es el alto llamamiento para el que fuimos originalmente creados. La manera en que servimos a un Dios Creador es siendo creativos con los dones y talentos que nos ha concedido»[8].

---

8 Pearcy, *Verdad total*, pág. 49.

Dios nos llama a unirnos a él con toda nuestra vida y con nuestra vocación en su plan de redención, nos invita a que nos convirtamos en personas que influyen, que crean cultura desde lo que hacen, nos pide que ofrezcamos nuestro trabajo como un servicio para su reino. Nuestro trabajo será tan sagrado como cualquier trabajo eclesiástico, ya que la obra cristiana no se reduce a lo que sucede en las congregaciones sino que debe hacerse todo el tiempo y en todo lugar donde se encuentre un creyente. Eso le dará significado a nuestra vocación: ésta debe estar al servicio de Dios, más allá de los templos o lugares de culto cristianos.

No existe una dimensión de nuestra cultura en donde esto no aplique. Es emocionante ver a deportistas creyentes en Jesús que han desarrollado su talento a un grado que los destaca a nivel mundial, que no temen hablar de su fe y que además impulsan fundaciones para ayudar a los más necesitados; ellos son ejemplos dignos de imitar para todos nuestros jóvenes.

Es sumamente valioso cada vez que un hombre o una mujer de negocios desarrolla su vocación para producir riqueza de tal forma que no solo beneficie a él o a ella sino a quienes trabajan en su empresa y a la sociedad con un alto sentido de conciencia social en cuanto a lo que hace; son admirables esas personas que son capaces de hacer negocios honestamente a pesar de la presión. Necesitamos más emprendedores y personas de negocios así, pero también necesitamos políticos que entiendan la política no solo como el arte de ejercer el poder sino por sobre todo como el llamado a servir a otros, que dejen de servirse a sí mismos y a sus propias causas para servir al bien común, que vean el dinero del Estado como algo sagrado y se vean a ellos mismos como administradores de Dios para generar bienestar a sus comunidades y a sus países en general.

Necesitamos pensadores, artistas, científicos, comunicadores y todo tipo de profesionales que comprendan que han sido llamados a ser la luz de esta tierra. Estamos cansados de la inequidad, de la injusticia social, de la corrupción, de la pérdida de valores; es tiempo de dejar de quejarnos, de dejar de criticar todo lo que no nos gusta de esta sociedad. Es tiempo de amar a quienes Dios ha amado y nos ha pedido que nosotros amemos también, es tiempo de amar esta hermosa creación de Dios, es hora de amar a nuestros países y dejar de culpar a otros por lo que en ellos sucede o salir corriendo como si no hubiera nada que hacer en ellos.

Es hora de reorientar nuestra vocación. Necesitamos más personas con esa conciencia. Te necesitamos a ti, necesitamos a cada joven creyente en Jesús. Asumamos nuestro llamado y démosle forma a nuestra vocación; juntos identifiquemos nuestro diseño, disfrutémoslo y desarrollemos todo nuestro potencial de la mano de nuestro Creador. Identifica tu banda sonora y hazla el tema de tu vida; alinea todo esto para extender el reino predicando a otros de Jesús con tus palabras pero también a través de tu ocupación. Si Dios no ha renunciado a su creación, tampoco lo hagas tú: eso es darle forma a nuestra vocación.

CAPÍTULO 07

A LA MANERA DE DIOS

En la Biblia, en el libro de los Jueces encontramos la historia de un niño que fue dedicado a Dios desde su concepción. Su nombre era Sansón. Dios tenía una importante tarea para este pequeño y se la reveló a sus padres en un anuncio sobrenatural; les dijo que, al crecer, se convertiría en juez y salvador de Israel en un tiempo en el que el pueblo estaba siendo oprimido por unos enemigos llamados filisteos.

Ante semejante perspectiva su padre preguntó al enviado divino: «[...] *¿Cómo hemos de criar al niño cuando nazca?*» (Jueces 13:12). Otra traducción del texto como la que presenta La Biblia de las Américas no solo amplía nuestro entendimiento acerca de la pregunta que hace el padre de Sansón sino que nos conecta con nuestro tema: «*Cuando tus palabras se cumplan, ¿cómo debe ser el modo de vivir del muchacho y cuál su vocación?*»[1].

La pregunta se relaciona precisamente con el tema que hemos abordado a lo largo de este libro. Dios hace un llamado a Sansón y la respuesta a dicho llamado involucra toda una preparación y el desarrollo de un estilo de vida muy particular de su parte. Desafortunadamente, aunque los papás de Sansón dieron una respuesta positiva al llamado divino, la respuesta de Sansón no fue la

1 La Biblia de las Américas (LBLA) Copyright © 1986, 1995, 1997 by The Lockman Foundation.

adecuada. Este hombre creció conociendo su llamado y desarrolló sus talentos naturales a un nivel que era asombroso. Ciertamente no solo se sentía cómodo con quien era sino que cometió el error de olvidarse de quién le había dado todo lo que tenía, dejando que su ego creciera desmedidamente alejándolo de una intimidad con Dios. Aparentemente alineó su vida con los propósitos del reino pues se dedicó a infligirle derrotas a los filisteos que oprimían al pueblo de Israel.

Sin embargo, hay un detalle en la historia que no podemos pasar por alto: todo lo que hacía, lo hacía a su forma. Servía a Dios y ayudaba al pueblo, pero no a la manera de Dios; tenía talento y carisma -lo cual seguro impresionaba a los demás- pero el Señor no estaba impresionado. El problema de Sansón radicaba en que era un hombre del pueblo de Dios, con un llamado de Dios, con un diseño increíble dado por Dios y que hacía cosas para Dios, pero que las hacía a su manera y no a la manera de Dios.

Cuando lees la historia de Sansón es inevitable encontrar que este israelita no era para nada diferente de la gente que oprimía a su pueblo. Había asimilado la cultura circundante hasta el punto de aceptar aspectos de ella que violaban abiertamente la voluntad divina; es más, podríamos decir que llegó a despreciar incluso algunos de los mandatos del Señor, como lo deja ver el episodio narrado en el capítulo 14 del libro de los Jueces, en el que toma con sus manos miel de un panal que estaba en el cadáver de un león muerto y después, no contento con comer de ésta, les da a sus padres sin contarles de dónde la había sacado[2].

¿Recuerdas que hablamos antes de que el poco impacto del cristianismo sobre nuestra cultura en Latinoamérica encuentra su origen en tres razones fundamentales? Veamos ahora la segunda. Una gran mayoría de los creyentes de hoy carecen de una verdadera cosmovisión bíblica que dé forma a sus valores y determine sus convicciones y que como consecuencia produzca un accionar transformador sobre nuestra sociedad.

---

2 Si no sabes por qué esto era un problema, puedes preguntarles a tus padres, pastores o líderes al respecto.

¿Qué es una *cosmovisión*? Una breve ilustración nos ayuda a entender. Si te colocas unos lentes de color rojo captarás cada aspecto de la realidad bajo el color de dichos lentes; ahora bien, si esos lentes tienen un aumento que tú no necesitas, tendrás además una visión distorsionada de la vida que terminará por deteriorar tu visión en el largo plazo. Estos lentes te brindarán una perspectiva errada de tu entorno y te llevarán a actuar de manera errática y reactiva para adaptarte a lo que percibes.

Una *cosmovisión* es un conjunto de supuestos que constituyen la imagen acerca de la realidad que tiene una persona y que determinan sus valores y su comportamiento; por lo tanto, si vas a cambiar una cultura no puedes simplemente influenciar el comportamiento de la gente, eso es mero conductismo. Tampoco puedes quedarte tratando de influenciar sus valores, ya que eso es moralismo; necesitas afectar la cosmovisión a través de la cual las personas que forman parte de esa cultura interpretan la realidad.

Toda cosmovisión está configurada por las respuestas que se dan a las siguientes preguntas:

«1- ¿Quién o qué es la autoridad última o poder supremo? (Dios). 2- ¿De qué está constituido el universo y cómo llegó a ser? (Creación). 3- ¿Qué son los seres humanos, de dónde venimos, que sucede cuando morimos, y cómo conocemos la verdad? (Humanidad). 4- ¿Cómo determina la gente lo que está bien y lo que está mal? (El orden moral). 5- ¿Hay razón y propósito que justifique todo lo que existe? (Finalidad o propósito)»[3].

Todos nosotros poseemos una cosmovisión basada en las respuestas conscientes o inconscientes a estas preguntas, la cual nos lleva a interpretar nuestra realidad y le da forma al conjunto de valores en los que creemos y la manera en la que nos comportamos.

Si analizas la historia de Sansón, él era su autoridad máxima, no Dios. A pesar de ser criado dentro de la enseñanza religiosa de

---

3 Christian Overman, *Supuestos y estilos de vida* (Tyler, TX: JUCUM, 2014), pág. 9

Israel, esta no era una verdad para su vida; él tenía algunas creencias pero no poseía las verdaderas convicciones que caracterizan a un verdadero creyente. La cultura circundante había moldeado su perspectiva acerca de los aspectos fundamentales de la vida y se había convertido en su referente en cuanto a lo que era bueno o lo que era malo. Aunque tenía un llamado, vivía como si su vida no tuviese una finalidad o un propósito superior.

El problema con muchos creyentes de hoy es el hecho de que tienen una religión que se llama cristianismo pero no tienen una cosmovisión verdaderamente bíblica. Aunque se afilian como miembros de congregaciones —o al menos suelen asistir a ellas— no están absolutamente convencidos de que la Biblia tenga las respuestas correctas a las preguntas fundamentales de la vida y sus verdaderas convicciones tienen raíces no bíblicas; como resultado de ello, su estilo de vida —incluida su vocación— no tiene un impacto que favorezca el avance del reino de Dios.

He escuchado varias veces a algunas personas decir que una cosa es cómo se hacen las cosas en la iglesia y otra es la realidad del mundo, afirmando que es muy lindo lo que la Biblia dice pero que el mundo real es otra cosa. En el mundo real, supuestamente, los negocios han de llevarse a cabo de ciertas maneras para alcanzar el éxito, y esas maneras en ocasiones —sostienen— no se alinean con lo que la Biblia nos enseña. Estas personas creen que para poder ser aceptados en el ambiente en el que ellos se mueven o para escalar de posición en su ocupación es necesario adaptarse a lo que la cultura o el ambiente demanden, de lo contrario resultarás excluido o tus metas se verán truncadas: son una suerte de camaleones que se adaptan ante las situaciones y demandas culturales con el fin de alcanzar su propia definición de éxito.

Estos individuos se definen como cristianos, afirman ser el pueblo de Dios, conocen sus talentos naturales y hasta hacen sonar una banda sonora. Pueden servir en sus congregaciones o cumplir fielmente con lo que ellos consideran que un creyente debe apoyar a su iglesia (incluyendo sus diezmos), pero el gran problema es que hacen las cosas a su manera y no a la manera de Dios. Hacen negocios a su manera, no a la manera de Dios, cumplen con su trabajo a su manera, no a la manera de Dios, y llevan las relaciones con otros a su manera, no a la manera de Dios.

¿Cuál es la razón por la cual tantas personas que afirman ser creyentes en Dios actúan bajo los mismos patrones de injusticia, inmoralidad y egoísmo que la Biblia rechaza? Trataremos de explicarlo, no queremos caer en un asunto de mero conductismo. En realidad, no se trata de un asunto de *hacer* sino de *ser*; no estamos abogando aquí siquiera por un estilo de vida en el que la perfección es la norma. Somos conscientes de que todos los seres humanos —aun aquellos que hemos sido redimidos por Jesús— tenemos muchas cosas por mejorar y luchamos con el pecado.

Sin embargo, creemos firmemente que debe haber una diferencia clara entre la vida de una persona que dice tener una relación con Jesús y una que definitivamente no la tiene. Esa diferencia la hace el Espíritu de Dios que habita en ella y que produce un fruto que transforma su vida e impacta necesariamente todo su entorno. Es fruto del nuevo nacimiento. No se trata de cuán cristianos podemos ser por nuestra propia cuenta sino de cómo la acción de Dios en nuestra vida nos transforma para ser la luz y la sal que este mundo necesita.

Jesús afirmó que el árbol se conoce por su fruto. Pablo enfatizó la necesidad de no amoldarnos a la conducta de la cultura que nos rodea, llamando a los creyentes a ser diferentes no solo en cuanto a su conducta sino en su forma de pensar con el fin de aprender lo que Dios quiere, lo cual siempre será bueno, agradable y perfecto (Romanos 12:2).

Aquí está el quid del asunto: debemos permitir que el Espíritu Santo renueve nuestra mente a través de su Palabra con el fin de que podamos vivir en la voluntad de Dios y extender su reino. Debes permitir que el Espíritu Santo renueve tu mente y te ayude a desarrollar una cosmovisión plenamente bíblica si vas a darle verdadera forma a tu vocación.

Debemos ser conscientes de que la realidad de nuestra sociedad actual ha sido delineada en gran parte por los «*ismos*» que han influido con mucha fuerza a Occidente a partir del siglo XIX. Eso que llamamos *ismos* son tres grandes sistemas de pensamiento que le dan forma al pensamiento de las personas de nuestro tiempo: el *naturalismo*, el *humanismo* y el *posmodernismo*.

El *naturalismo* niega la existencia de una realidad espiritual como la que la Biblia refiere y por tanto ha despojado de propósito al ser humano y a la creación. Según el naturalismo, la tierra y todo lo que existe en ella es el resultado de procesos de millones de años guiados por el azar, por lo que tratar de encontrar sentido u orden en el universo es una tarea inútil.

El *humanismo* es esta corriente filosófica que pone al ser humano en el centro del universo, exaltando a la razón, la experiencia y la ciencia como fundamento de todo conocimiento y como rectoras de cualquier definición ética o moral. Como podrás comprender, Dios y la Biblia no tienen mucho espacio en estos sistemas de pensamiento.

El *posmodernismo* es un sistema de pensamiento que surgió en la segunda mitad del siglo XX y que, entre otras cosas, se caracteriza porque no reconoce verdades absolutas, privilegia el actuar basado en lo que se siente y se desea y aunque reconoce la realidad espiritual no reconoce a la Biblia como única fuente de información acerca de ésta. El posmodernismo, además, está caracterizado por una pérdida de confianza hacia las instituciones y la autoridad en general, así como por un consumismo de tipo compulsivo que va más allá del consumo de bienes y servicios, extendiéndose hacia un deseo desenfrenado por las personas y las ideas.

Esos tres *ismos* nos han afectado en formas que debemos reconocer como creyentes si es que vamos a comenzar por una tarea de renovación de nuestra mente que nos lleve a desarrollar una cosmovisión plenamente bíblica que le dé sentido a lo que hemos hablado acerca de redimir nuestra cultura.

Recuerda que señalamos la importancia de extender el reino de Dios a través de nuestra vocación al convertirnos en personas que producen cultura. No entiendas aquí que estamos llamándote a aislarte del mundo o a convertirte en un ser raro que no puede conectar con su realidad sino que estamos invitándote a desarrollar un lente limpio y ajustado que te permita entender qué aspectos de la cultura son positivos y cuáles no lo son para que puedas darle forma a tu vocación. Lo mismo es para cada hijo de Dios, de manera que no solo se beneficia cada uno encontrando el significado de su vida sino que también ayuda a otros y en última instancia extiende el reino de Dios sobre esta tierra. Si no tienes una cosmovisión verdaderamente bíblica el impacto de tu vida para el reino terminará por diluirse y sucumbirás ante las presiones de una cultura que en muchos aspectos es no solo contraria sino también agresiva frente a lo que la Biblia enseña.

Si no desarrollamos un pleno convencimiento de la verdad bíblica y de cómo esta verdad interpreta la realidad esas presiones podrán hasta quitarnos la alegría de vivir nuestra vocación y terminaremos haciendo lo que el común de las personas hace, y entonces habremos perdido la oportunidad de convertirnos en agentes de transformación para este mundo a la manera de Dios. Para que la cultura del reino de Dios se extienda en esta tierra primero debe establecerse en nuestros corazones. Debemos entender, como lo afirma acertadamente Nancy Pearcy, que vivir una cosmovisión cristiana significa «[...] *ofrecer a Dios todas las facultades —prácticas, intelectuales, emocionales, artísticas— para dedicarle a Él cada área de la vida. La única expresión que tal fe puede adoptar es captar el ser total y redirigir todo pensamiento. La idea de una división entre lo sagrado y lo secular se torna impensable. La verdad bíblica se adueña del ser interior y uno reconoce que no solo se trata de un mensaje de salvación sino de la verdad acerca de la realidad entera. La palabra de Dios pasa a ser una luz para todas nuestras veredas y proporciona principios fundamentales para someter cada parte de la vida al señorío de Cristo, para glorificarse y cultivar su creación*».

Hace años escuchamos acerca de un chico que se mantenía muy firme en sus convicciones cristianas aun a pesar del ambiente contrario a ellas que experimentaba en su universidad. La pregunta concreta que le hicieron fue: «¿Cómo haces para soportar la presión de tus amigos?», y su respuesta fue admirable: «¿Cuál presión? Yo soy la presión de mis amigos».

Este joven no solo tenía algunas creencias sino que había desarrollado unas profundas convicciones en cuanto a Dios, su identidad y su propósito. Esas convicciones estaban arraigadas en una cosmovisión absolutamente bíblica y determinaban sus valores así como su comportamiento. Él no entendía la Biblia como una serie de prohibiciones sino como autoridad en su vida. Este joven veía desde la óptica del diseño divino y no quería de ninguna manera perderse el regalo de vivir bajo ese diseño. La obra del Espíritu de Dios en su vida era evidente, y por lo tanto él no aceptaba la presión de una cultura que quería desviarlo de ese propósito sino que se convirtió en la presión de quienes lo rodeaban demostrando un estilo de vida diferente y alegre. No se aisló sino que brilló.

Dios está llamando a nuestras nuevas generaciones a convertirse en el cambio que este mundo necesita. No está llamándolos a ser raros, está llamándolos a ser diferentes, está llamándolos a ver la vida a través de los lentes bíblicos. Dios quiere darles su mente, esta es la realidad para el creyente como lo afirma la primera carta a los corintios en el versículo 16 del capítulo 2. Dios está invitándolos a encarnar su vocación en una profesión que le dé forma a la cultura extendiendo su reino, pero si van a aceptar su llamado necesitan desarrollar una cosmovisión auténticamente bíblica. ¿Será posible hacer eso en este tiempo y prosperar? Claro que es posible. Así como el chico al que acabamos de referirnos, hablemos de otro joven que lo hizo en un tiempo en donde la cultura que lo rodeaba era absolutamente contraria a la enseñanza divina.

LA HISTORIA DE OTRO JOVEN EXTRAORDINARIO

Hace algo más de dos mil seiscientos años, el rey de un imperio muy poderoso —el imperio babilónico— invadió Jerusalén y puso fin a lo que en aquel momento se conocía como el reino de Judá. Además de llevarse las riquezas que encontró en Jerusalén —incluidas las que encontró en el templo— se llevó cautivo al veinticinco por ciento de las personas que habitaban la nación. La Biblia nos dice que esto sucedió porque Dios dejó al pueblo a su suerte debido a que éste se había entregado a la inmoralidad, la injusticia y la idolatría.

Por cientos de años Dios había llamado a su pueblo a que fuera diferente pero Israel no quiso escuchar el llamado que el Señor le había hecho. Israel era el pueblo de Dios y tenía una religión con la que decía adorar a su Dios pero su vida no reflejaba esa adoración; había absorbido mucho de la cultura de los pueblos a su alrededor a pesar de que Dios le había advertido: «[...] *tienes que ser tú quien influya en ellos y no al revés*» (Jeremías 15:19). El pueblo que debía ser luz no lo fue; la sal se volvió insípida y tuvo que ser tirada, pero en toda situación compleja o triste siempre hay algo que Dios puede rescatar para cumplir con su propósito.

Dentro de los que fueron llevados cautivos a Babilonia se encontraba un joven que para esta época debía estar alrededor de los quince años y cuyo nombre era Daniel. La Biblia nos dice que Daniel junto a otros tres jóvenes fue elegido para ser parte de un programa de entrenamiento, que de cursarlo exitosamente les permitiría convertirse en consejeros del mismísimo rey de Babilonia.

El capítulo 1 del libro de Daniel nos da las razones por las cuales estos jóvenes fueron escogidos: pertenecían a la familia real o a la nobleza de Judá, eran muchachos «*fuertes, sanos y de buen parecer*» y poseían «*una amplia cultura*» además de ser «*bien educados, inteligentes, despiertos, sensatos y capaces*» (Daniel 1:3-4). Si lo piensas bien, los criterios de elección del rey de Babilonia son muy parecidos a los aspectos que la cultura de nuestro tiempo valora en una persona: una buena preparación académica, una buena apariencia y habilidades para conseguir el éxito. Podríamos decir que, en medio de la tragedia de su pueblo, a Daniel y a sus tres amigos no les fue tan mal, y por el contrario se destacaron y encontraron el camino hacia el éxito en su nueva vida. Sin embargo, no todo lo que brilla es oro.

Este programa de entrenamiento no se asemejaba al proceso de ir a la universidad para tomar una serie de asignaturas relacionadas con una profesión en particular, se trataba en realidad de un programa de adoctrinamiento cultural de tres años que buscaba una reprogramación sistemática de estos jóvenes judíos. A través de ese programa se pretendía eliminar todo vínculo con su patria de origen, con la Escritura y con el Dios de Israel.

El objetivo era inyectarles una nueva cultura, desarrollar en ellos una nueva cosmovisión: no solo se les enseñaría matemáticas, economía o historia sino que se les adoctrinaría en astrología y religión babilónica o superstición. A esto sí que podemos denominarlo como el intento de lavar el cerebro de estos jóvenes. Querían reemplazar los valores del pueblo de Israel por aquellos que Babilonia privilegiaba, querían enseñarles una nueva lengua y una nueva religión pero buscaban hacer algo más profundo como cambiar la cosmovisión y la identidad de estos jóvenes.

Por ello, se les asignan nuevos nombres en Babilonia. Sus nombres originales definían la identidad de estos chicos: Daniel significa «Dios es mi juez», Ananías significa «Yahveh es misericordioso», Misael expresa «¿Quién es como Dios?» —o en otras palabras «no hay otro dios como el Dios de Israel»— y Azarías es «Yahveh ha ayudado». Los nombres que les dieron fueron pensados para que olvidaran quiénes eran y a quién representaban: Beltsasar significa «Bel le protege», mientras que Sadrac es «mandato de Aku», Mesac es «¿Quién es como Aku?» y Abednego es «siervo del dios Nebo»[4].

4 Bel, Aku y Nebo eran nombres de deidades babilónicas.

Nuevos nombres, nuevas identidades, nuevas ropas y también una nueva dieta. No comerían más comida judía sino que comerían la mejor comida que había disponible en el imperio, la que el rey mismo comía. ¿Cuál fue la respuesta de Daniel? Leámosla: «[...] *se propuso no contaminarse comiendo la comida y el vino que el rey les daba. Por lo tanto, pidió permiso al jefe de personal para comer otras cosas*» (Daniel 1:8).

¿Qué hay de malo con la comida babilónica? ¿Por qué este joven de quince años decide que no seguirá la orden del hombre más poderoso del imperio? En el Antiguo Testamento Dios dio a los israelitas estrictas órdenes alimenticias, y lo hizo porque quería que recordaran que él los había elegido, que eran únicos en medio del resto de la humanidad. Ellos no comerían como el resto de la gente come, no porque fueran mejores sino porque sería una señal de que Dios los escogió, que estaba presente en medio de ellos y que quería preservar a esa nación para bendecir a toda la humanidad.

Además quería que fueran un pueblo saludable, así que Daniel no estaba rechazando simplemente la comida sino que estaba rechazando un ataque espiritual en contra de su identidad. Este era otro intento por reprogramarlo para que olvidara sus raíces espirituales. No sería más judío, sería babilonio secularizado; por eso es que decidió no contaminarse. No podía hacer nada, debía asistir al programa de formación y debía aprobarlo, incluso si eso implicaba tener que estudiar algunas cosas con las que no estaba de acuerdo. Si iba a aconsejar al rey, ¿acaso no debía conocer la cultura del reino? Así era. Pero si iba a aprender de todo esto, si iba a estar expuesto a todo esto, debía tener absoluta claridad con respecto a quién era.

Su cosmovisión debía ser sólida para no dejar que las distorsiones a su alrededor lo llevaran lejos de Dios. No había lugar para esconderse, no había forma de aislarse, pero había decisiones que podía tomar para ser fiel a su Señor y al llamado que había recibido, y así fue como Daniel aprobó aquel programa de entrenamiento sin contaminarse y llegó a servir como consejero del rey Nabucodonosor.

También lo sobrevivió a él y a su imperio y al final del libro bíblico que lleva su nombre lo encontramos alrededor de sus ochenta y cinco años habiendo superado incluso las pruebas más duras, conectado con Dios, cumpliendo con su llamado y siendo uno de los hombres más influyentes de dos de los imperios más importantes de los que la historia ha tenido noticia.

¿Qué tiene que ver esto con nuestros jóvenes? Mucho. El ambiente que encontrarán mientras crecen y escogen su profesión —y en el cual deberán ejercerla en el futuro— será uno que intentará reprogramarlos en todos los aspectos, querrá hacerles creer que no hay verdades absolutas y que por lo tanto pueden operar desde la relatividad moral, tenderá a llevarlos a la búsqueda de aquellas cosas que satisfacen sus necesidades y querrá hacerles olvidar que Dios los ha llamado para que sirvan a otros.

Tendrán la tentación de conformarse a los valores de otros para alcanzar lo que ellos les venderán como el éxito y este ambiente buscará hacerles olvidar quiénes son y a quién representan. Algunas veces les hará pensar que, si todos lo hacen, ellos también deberían hacerlo, tratará de llevarlos por atajos para conseguir lo que esperan, intentará hacerlos dudar de la Palabra y mantenerlos en constante ocupación con el fin de alejarlos de Dios. Tratará de convencerlos de que el éxito en la vida se alcanza si poseen más, saben más y hacen más y no siendo la persona que Dios desea que sean y cumpliendo con su vocación; intentará que se postren ante ídolos como el dinero, la fama, el poder y la sensualidad y los amenazará con lanzarlos al foso de los leones si se atreven a hablar de Dios.

Como Daniel y sus tres amigos, ellos también tendrán que hacer su propia elección, y esperamos que —como Daniel— decidan no contaminarse, esperamos que decidan ser quienes forjen cultura en lugar de absorber sin más la cultura que los rodea, esperamos que decidan ser la luz del mundo y la sal de la tierra y esperamos que no solo vivan para sí mismos sino que vivan como es digno de su llamado.

Oramos al Señor para que los guíe a identificar con claridad y desarrollar sus talentos de manera que disfruten de ser ellos mismos y puedan sobresalir como lo hizo Daniel en Babilonia. Pedimos a Dios que les permita escuchar su banda sonora para que, hagan lo que hagan, siempre estén relacionados o busquen conectar con aquello que mueve su corazón y para lo cual Dios los diseñó.

Oramos para que descubran en cada cosa que hacen una oportunidad para extender el reino de Dios a través de sus vidas y para que renueven su mente, lo que les dará la posibilidad de ver la vida con los lentes correctos para que lo que hagan siempre sea a la manera de Dios.

Estamos convencidos de que es posible unir nuestra vocación con la realidad de nuestra ocupación, prosperar en todos los aspectos en el proceso y contribuir a extender el reino de Dios. Si somos fieles a Jesús, él se encargará de bendecirnos como lo hizo con Daniel. Él quiere extender su reino en esta tierra y quiere que seamos esas personas de gran influencia para lograrlo. ¡Tenemos un gran propósito!

Algo que no puede faltar

Hemos hablado del diseño y de la banda sonora como elementos esenciales de la vocación que han sido dados por Dios. Darle la forma al orientarlos a la extensión del reino a la manera de Dios es decisión nuestra, pero hay sin embargo algo más que tendremos que trabajar si vamos a darle forma correcta a nuestra vocación.

Se trata del *carácter*, y en particular de una cualidad de carácter que sobresale en el estudio de la vida de Daniel. La Biblia nos dice que a Daniel y tres amigos suyos «*Dios concedió [...] gran facilidad para aprender y pronto ellos habían llegado a dominar toda la literatura y ciencia de aquel tiempo*» (Daniel 1:17). La traducción Nueva Versión Internacional lo presenta de esta manera: «*A estos cuatro jóvenes Dios los dotó de sabiduría e inteligencia para entender toda clase de literatura y ciencia*»[5]. La Biblia aquí nos dice que Dios les

5 La Santa Biblia, Nueva Versión Internacional® NVI® Copyright © 1986, 1999, 2015 by Biblica, Inc.®

concedió una cualidad para aprender, entender y como consecuencia vivir hábilmente: esa cualidad es la *sabiduría*.

Ésta no se limita solo a los aspectos que consideramos de naturaleza espiritual sino que guarda estrecha relación con todas las áreas del conocimiento y de la vida humana, es una sabiduría que Dios espera que apliquemos en cada dimensión de nuestra cultura si vamos a ser agentes de transformación. Necesitamos desarrollar este tipo de sabiduría a un nivel tal que podamos entender y ejercer nuestras profesiones de manera sobresaliente, atendiendo a las necesidades de nuestra sociedad y honrando a Dios en el proceso.

Es nuestra responsabilidad desarrollar este tipo de sabiduría. No se trata de simplemente orar todos los días diciéndole a Dios «Señor, dame tu sabiduría» y esperar que mágicamente seamos sabios en el sentido en que estamos discutiendo. Los cristianos somos expertos en «espiritualizar» ciertos aspectos de nuestra vida solamente para escaparnos de nuestra responsabilidad. ¿Te has dado cuenta de que cuando alguien no quiere tomar una decisión en su vida dice: «Voy a orar por eso»? ¿O has notado que cuando alguien quiere que una relación con otra persona cambie ora: «Señor, por favor, cambia a esa persona»?

No nos malentiendas; creemos en la importancia de la oración pero estamos convencidos de que la madurez cristiana consiste en asumir nuestra responsabilidad de vivir los principios bíblicos no solo en cuanto a la toma de decisiones y las relaciones sino en todas las áreas de nuestra vida. En ese mismo sentido, si vamos a ser sabios en la forma en que Daniel y sus amigos lo fueron debemos aplicarnos a trabajar en ello. ¿Cómo? La Biblia nos brinda claridad al respecto.

En el capítulo 9 del libro de los Proverbios se personifica a la sabiduría como alguien que construye una casa con siete columnas. Si estudiamos con cuidado los versículos del 1 al 12 encontraremos unas claves maravillosas acerca de cómo se comporta una persona que es sabia.

En primer lugar leemos que la sabiduría preparó un gran banquete, mezcló los vinos y puso la mesa. En el contexto de este capítulo de Proverbios nos damos cuenta de que la sabiduría tiene una tarea que cumplir, y decide hacerla en la manera en la que toda persona que deba llevar a cabo una ocupación debería hacerla: de manera excelente. No solo quiere dar un banquete, sino que el versículo 2 presta atención a los detalles; si vas a invitar a alguien importante a tu casa y quieres impactarle de alguna manera estoy seguro de que preparas cada detalle para que esto suceda. Hay quienes hacen banquetes pero lo hacen de una manera mediocre.

La mediocridad puede deberse a dos factores primordialmente: el primero es la incapacidad o la falta de aptitud para hacer algo, y el segundo es la pereza. Sobre los dos tenemos la posibilidad de decidir en cuanto a cómo llevaremos a cabo nuestra profesión u ocupación. Debemos ser firmes en decidir no hacer cosas que nos lleven lejos de nuestro diseño y de nuestra banda sonora; aprendamos a decir no a esas cosas para las que Dios no nos diseñó. Si vamos a sobresalir en una ocupación tendremos que ejercerla desde nuestra zona de fortaleza: cuanto más nos alejemos de ella más difícil será que alcancemos un nivel de excelencia.

También decidamos ser excelentes en lo que hacemos. ¡Digamos no a la pereza! En la experiencia profesional aprendemos que uno sobresale cuando da la milla extra, cuando no se esconde detrás de las excusas que le impiden hacer algo. Descubrimos que la excelencia está en los detalles y que la gente más valorada es la que trabaja con calidad y disciplina; aprendemos que es mejor decir no a comprometerse a hacer algo y después no hacerlo; aprendemos que planear es importante y que es aun más importante cumplir con los compromisos haciendo las cosas de acuerdo con lo planeado. Si vamos a honrar a Dios vivamos de manera excelente, que la excelencia sea nuestro estándar. Los hijos de Dios debemos ser reconocidos por nuestra excelencia, nunca por la mediocridad. Somos excelentes porque servimos a un Dios excelente.

En Latinoamérica nos excusamos en nuestra idiosincrasia para ser impuntuales e incumplidos, dejar las cosas para último momento, buscar los atajos y entregar las cosas a medias; después terminamos culpando a los demás porque las cosas no resultaron como queríamos. Recuerda: más que latinoamericanos somos seguidores de Jesús. Su estándar es nuestro estándar. Te aseguro que la gente notará tu excelencia, darás honra a Dios con ello y se te abrirán muchas oportunidades de crecimiento profesional.

La segunda clave la encontramos leyendo los versículos 3 al 5 en el capítulo 9 de Proverbios. Hay una característica importante de la sabiduría divina: es generosa. Dice que envió criadas a los más alto de la ciudad para que invitaran a toda persona que necesitaba aprender. El banquete que la sabiduría prepara no es para unos pocos, está abierto para todos.

Debemos ser generosos con lo que aprendemos, y no nos referimos solamente a ser generosos con el dinero (ese es un aspecto de la generosidad), pero el tipo de generosidad que notamos en este capítulo de Proverbios es la generosidad que da de lo que sabe. Si vamos a brillar en esta sociedad necesitamos superar el individualismo, debemos tener mentalidad de equipo. Trabajarás con personas que comparten tus creencias, otras que rechazan tus creencias y algunas a las que tus creencias les tienen sin cuidado; si pretendes trabajar en ambientes exclusivamente «cristianos» vas a tener que aislarte, ya que aun si desarrollas tu propio emprendimiento tendrás que interactuar con no cristianos.

Daniel es un gran ejemplo de cómo brillar en un ambiente donde uno es minoría. Comparte tu conocimiento y tus habilidades con otros; no tienes que vender tus principios para poder compartir con otros. Si vas a brillar vas a tener que hacerlo en la oscuridad. ¿Qué tiene de extraordinario brillar en un lugar lleno de lámparas? Pide amor a Dios por la gente que estará a tu alrededor a lo largo de tu vida y llénalos de luz a través de tu generosidad. Sé generoso con todo lo que Dios te ha dado; vive generosamente.

La tercera clave se encuentra en el versículo 6: la sabiduría ayuda a crecer a los demás. No uses a la gente para alcanzar tus objetivos. En este tiempo se han invertido los valores: se usa a las personas y se ama a las cosas, pero ese no es el orden de Dios. Lo que hagas siempre debe ayudar a crecer a los demás, y si así lo haces te aseguramos que todos querrán estar en tu equipo. Además, si te enfocas en que crezcan las personas que te rodean, si te enfocas en ellas, en sus habilidades y en su potencial y las ayudas a crecer, tendrás muy buena reputación como líder de equipos.

Ayuda a desarrollar buen juicio en los demás, comparte tu vida y lo que Dios te ha enseñado para que los demás vean a Dios y a la vida correctamente; ayúdalos a crecer en todas las áreas de la vida (para ello, tu vida debe ser un ejemplo de balance espiritual, emocional, familiar, laboral, intelectual y social). Disfruta de las cosas buenas de la vida. Como señalamos antes, Dios no nos llamó a ser raros sino a ser diferentes. Recuerda que todo te es permitido aunque no todo te conviene; que las personas a tu alrededor te vean como un ejemplo en todo para seguir y que tu vida ayude a otros a crecer.

Los siguientes tres versículos nos brindan otra clave fundamental: la sabiduría conoce a la gente y sabe cómo relacionarse con ella. En la vida tendremos gente que nos aportará y nos ayudará a crecer y gente que, si se lo permitimos, nos detendrá e incluso nos alejará de Dios; encontraremos personas que nos amarán y recibirán lo que deseamos compartir con ellas y otras que terminarán odiándonos sin causa. Recuerda que todos estamos rotos y necesitamos a Dios para que nos restaure. Ama a todas las personas, pero aprende a relacionarte correctamente. Rodéate de las personas correctas; un dicho popular dice «Dime con quién andas y te diré quién eres».

Desarrollemos sabiduría para rodearnos de personas que nos ayuden a crecer. No inviertas tiempo en personas necias, deja ir con alegría a todo aquel que te aleje del plan de Dios para tu vida. Establece un círculo íntimo que comparta tus principios y con el que puedas ser una persona auténtica y rendir cuentas sobre tu vida, desarrolla tus habilidades para relacionarte con todo tipo de personas; crea una buena red de relaciones que te ayuden no solo a crecer sino a extender el reino de Dios en esta tierra.

La quinta clave está en el versículo 10: «*Lo primero que hay que hacer para adquirir sabiduría es honrar el Señor; conocer al Santo es tener inteligencia*». Fortalece tu relación con Dios. Estamos llenos de activismo en nuestro tiempo; asegúrate de no descuidar tu relación con Dios. Mantén tu intimidad con él y no descuides la oración, el estudio de la Biblia y la reflexión sobre lo que Dios quiere decirte. No descuides el congregarte regularmente: de tu relación con el Padre obtendrás el sentido para todo lo que hagas. Si estás en conexión con el Señor amarás lo que él ama y serás sensible a su guía en todo momento. Recuerda que el conocimiento de Dios da propósito a tu vida y orienta tu acción. Nunca le des a tu profesión o a algo más el lugar que solo le pertenece a Dios en tu vida. Honra a Dios y él te exaltará a ti; vive de rodillas delante de Dios y él te mantendrá de pie frente a los hombres.

La sexta clave que nos ofrece el versículo 11 de este capítulo de Proverbios es esta: aprovecha bien el tiempo. Si se te dan más años de vida tu deber es aprovecharlos al máximo. Recuerda que la misma Biblia dice que hay un tiempo para todo lo que se quiere en esta tierra, y tener sabiduría implica tomar la decisión de organizarse. Cada vez es más común escuchar la afirmación «no tengo tiempo» o «el tiempo no me alcanza para nada», pero la sabiduría no incluye estas y otras frases parecidas dentro de su vocabulario ya que sus prioridades están en orden y bien administradas, sabe decir no a lo que la distrae.

Una de las áreas en las que podemos dejar una huella muy importante en la vida de los jóvenes es en la manera de organizar su tiempo. Estas son habilidades que todos necesitamos aprender y si puedes ser un mentor que los ayude a desarrollarlas habrás marcado una diferencia invaluable: explícales cómo incorporar en su vida el uso de herramientas como una agenda en la cual puedan organizar tus días, conversa con ellos para que identifiquen bien sus prioridades y se aseguren de invertir la mayor parte de su tiempo atendiéndolas. Recuerda que esta vida es más una carrera de maratón que una carrera de cien metros; enséñales a invertir su tiempo sabiamente, a ser pacientes y perseverantes, ya que no todo en la vida llega de la noche a la mañana y las cosas más importantes y duraderas toman tiempo en desarrollarse.

Finalmente, si nuestros jóvenes no tienen la disposición de aprender para desarrollar la sabiduría serán ellos las principales personas que sufran, como lo dice el versículo 12; por lo tanto, inculca en ellos un espíritu enseñable. No hay nada más triste que las personas que sufren de lo que llamamos «el síndrome del producto terminado»: son esas personas que creen que todo lo saben, que no tienen nada que aprender. Por el contrario, tengamos la actitud de aprender todo el tiempo, valoremos a los demás y las cosas que pueden enseñarnos. Seamos humildes.

Hay un riesgo cuando uno es muy joven, y es el creer que ya se tienen todas las respuestas o que no necesitamos el consejo de otros, pero aquellos que vamos avanzando en el camino de la vida hemos descubierto con el paso de los años que siempre hay cosas que aprender; hemos aprendido que Dios permite que nos encontremos con personas y vivamos ciertas situaciones para aprender cada día.

Aun nuestros fracasos tienen muchas cosas que enseñarnos; el hecho de fracasar no te convierte en un fracaso. A lo largo de tu vida encontrarás situaciones a las que podrás catalogar como fracasos pero no dejes que te detengan, aprovéchalas para obtener grandes lecciones para tu vida. Seguro que los jóvenes cometerán algunos errores en el proceso de darle forma a su vocación, solo recuerda que también podrán aprender de ellos; ayúdalos a mantener una actitud positiva.

Ahora bien, no es necesario equivocarnos siempre para aprender: las personas sabias también aprenden de los errores de otros (lo trágico sería que no aprendiéramos de ninguno de los dos casos).

Una idea más: lee todo lo que puedas y compártelo con los jóvenes. Sé selectivo, pero no limites tu lectura a los libros que encuentras en las librerías cristianas; sé una persona culta, abre tu mente a la literatura universal, aprende de la historia en general, llena tu biblioteca de recursos actualizados que puedas compartir con otros.

Dios nos ha dado un diseño y ha compuesto una banda sonora para cada uno de sus hijos; usémoslos para darle forma a nuestra vocación y dirijámoslos para encarnarlos en una profesión que extienda el reino de Dios sobre esta tierra a la manera de Dios, recordando estas siete cosas que te (y nos) convertirán en una persona más sabia:

- Que la excelencia sea tu estándar
- Vive generosamente
- Ayuda a otros a crecer
- Desarrolla tus habilidades para relacionarte con todo tipo de personas
- Fortalece tu relación con Dios
- Aprovecha bien el tiempo
- Desarrolla un espíritu enseñable

CAPÍTULO 08

IGLESIA Y VOCACIÓN

Unas páginas atrás afirmamos que nuestra vocación debe servir a los intereses de Dios y a la extensión de su reino. Permítenos ahora concluir hablándote de uno de sus grandes intereses sobre esta tierra, el cual podemos encontrar en el capítulo 16 del evangelio de Mateo a partir del versículo 13; allí, Jesús se encuentra reunido con sus discípulos después de haber enseñado y ayudado a muchos. Imagina ese momento. Los discípulos están sentados alrededor de su Maestro; tal vez están cansados, pero la adrenalina que se ha producido por todo lo que han presenciado y escuchado hasta ese momento los mantiene atentos a lo que él tiene para decir.

Jesús les pregunta: *«¿Quién dice la gente que soy yo?»*. Ellos contestan, pero ninguna de las respuestas que dan es la correcta. A continuación, Jesús les hace una pregunta que apunta a su convicción personal: *«¿Y quién creen ustedes que soy?»*. Simón Pedro responde entonces con toda seguridad: *«¡Tú eres el Cristo, el Mesías, el Hijo del Dios viviente!»*. Pedro ha dado en el clavo, y Jesús lo afirma. Quien está ante ellos es más que un buen hombre. No se trata simplemente de otro gran maestro; es mucho más que un profeta.

Allí frente a ellos se encuentra el Señor y rey soberano de la creación. Frente a ellos está el hijo de Dios, la segunda persona de la

Trinidad de quien la Biblia afirma: «*Por medio de él todas las cosas fueron creadas, y no existe nada que él no haya creado*» (Juan 1:3). Esto lo cambia todo. Cualquier cosa que este rey diga debe ser escuchada con atención; cualquier cosa que ordene ha de ser cumplida sin vacilación. Todo lo que tenga para ofrecer debe ser anhelado con pasión y sus intereses deben ser buscados con resolución. Él ha venido a establecer su reino en esta tierra y revela cómo ha de hacerlo: «*Sobre esta roca* [él es la roca] *edificaré mi iglesia, y los poderes del infierno no prevalecerán contra ella*» (Mateo 16:18).

¿Quién ha de desplazar a las fuerzas de la oscuridad de esta tierra? La iglesia. ¿Quién ha de extender el reino de Dios en el aquí y el ahora? La iglesia. ¿Quién ha de dar respuestas a las necesidades más sentidas de nuestro tiempo? La iglesia.

A lo largo de este libro hemos destacado el servir a Dios más allá de las cuatro paredes de una congregación; también hemos señalado cómo la iglesia se ha aislado del mundo creando una subcultura que en muchos aspectos le ha impedido ejercer en este tiempo su papel como sal y luz del mundo. Esto no significa que no creamos en la iglesia, que no la amemos y que no deseemos su bienestar, no te lleves una impresión incorrecta al respecto; creemos que el plan de Jesús para la humanidad se cumple en y a través de su iglesia. No hay plan B: la iglesia es el plan de Dios.

¿Cómo podemos conciliar el asunto de este libro, el servir a Dios con la vocación más allá de los templos con la realidad de la importancia de la iglesia? La respuesta es esta: *siendo iglesia en el sentido más bíblico posible.*

La palabra que Jesús utiliza en el griego y que se ha traducido al español como «iglesia» es la palabra *ekklesia*. En el mundo griego esta palabra se usaba para referirse a una comunidad de personas que compartían una identidad común y profesaban un conjunto particular de creencias. Los judíos la usaban en ese sentido para referirse a ellos como pueblo, y en las traducciones de sus textos sagrados al griego reemplazaban la palabra hebrea *qahal* por la palabra *ekklesia*. Cuando los judíos usaban la palabra *qahal* no estaban pensando en un lugar adonde ir sino que la entendían como una asamblea, una comunidad, una congregación unida por sus creencias, sus costumbres y su estructura de liderazgo.

La *qahal* en esencia se refería al pueblo de Dios, el pueblo de Israel. Cuando Jesús dijo que edificaría su iglesia estaba diciendo que iba a edificar un pueblo, una comunidad de creyentes redimidos por su sacrificio y empoderados por su resurrección para establecer su reino; no dijo que iba a edificar creyentes por separado, dijo que edificaría su iglesia. Algunos dicen: «Yo no necesito ser parte de la iglesia, yo tengo mi propia relación con Dios y lo sirvo a través de lo que hago». Esas personas no han entendido que las cosas de Dios no se hacen a la manera que a ellos les parece sino que se hace a la manera de Dios: o Jesús es el rey de todo en nuestra vida o no es el rey de nada.

Un ladrillo por separado es solo un ladrillo, pero un ladrillo unido a muchos ladrillos construye un edificio; así mismo, un creyente aislado no es iglesia pero muchos creyentes unidos en Dios bajo un mismo propósito somos la iglesia. Servir a Dios más allá de los templos no significa desligarse de la iglesia o de sus congregaciones. La iglesia del Señor es una sola y está constituida por los creyentes en todo el mundo que han sido salvos gracias a la obra redentora de Jesús; sin embargo, esa única iglesia se manifiesta en la forma de congregaciones —de todos los tamaños— a las cuales conocemos como *iglesias locales*, las cuales son muy importantes para Dios.

Si lees el libro de los Hechos de los Apóstoles y las diferentes cartas que están en el Nuevo Testamento entenderás a lo que nos referimos. De hecho, una de ellas nos dice: «*No dejemos de reunirnos, como algunos acostumbran a hacer, sino animémonos unos a otros*» (Hebreos 10:25). Nuestras congregaciones deben ser comunidades donde aprendamos juntos, nos animemos, nos curemos y nos fortalezcamos para cumplir con el llamado que hemos recibido de ser sal y luz en el mundo, no son guetos en donde escondernos sino que —además de ser lugares seguros en donde aprender acerca de Dios, donde podemos sanar y ser cuidados— deben convertirse en campos de entrenamiento en los cuales aprendamos a amar, a perdonar, a perseverar y a servir a otros, lugares en donde los jóvenes descubran sus talentos y los pongan al servicio de otros.

Nuestras nuevas generaciones deben descubrir en las congregaciones su diseño y estar cómodas con quienes son, y estas congregaciones deben ser lugares de preparación y fortalecimiento donde se los anime y envíe a cumplir con su vocación.

Un equipo no entrena para que sus miembros jueguen partidos entre ellos sino para salir y competir; cuando lo han hecho vuelven a su lugar de concentración en donde se trabaja en su recuperación, se los cuida, se los nutre y son entrenados nuevamente para volver a salir.

Un ejército no se entrena para quedarse en el cuartel sino que se lo equipa para cumplir con tareas específicas o para ganar una guerra. La iglesia —la familia de Jesús— es un ejército que ha sido llamado a extender el reino de Dios en esta tierra y la promesa de Jesús es que nuestro enemigo no podrá pararnos, y por eso debemos ser iglesia en el sentido más bíblico posible, dentro y fuera de nuestras congregaciones.

Creemos en la iglesia como la gran familia de Dios y creemos en las iglesias locales como el lugar en donde los creyentes hacen tangible esa conexión como familia, y es por eso que en nuestras congregaciones locales anhelamos transmitir a los jóvenes esta pasión por extender el reino de Dios a través de sus vocaciones. Esto está desafiándonos a repensar la manera en que desarrollamos nuestros programas y actividades congregacionales. No somos los únicos: vemos despertar a pastores y líderes en muchos lugares de nuestras regiones a quienes Dios está incomodando como lo ha hecho con nosotros. Dios está moviendo a su iglesia. Las congregaciones son importantes y requieren de un liderazgo que esté en contacto con la realidad y que movilice a sus miembros a impactar esta sociedad para la gloria de Dios.

Tal vez la vocación de los jóvenes los lleve a ser parte de ese liderazgo como pastores o ejerciendo alguna ocupación a tiempo completo dentro de su congregación. ¡Animémoslos! Escuchémoslos y preguntémosles cómo su diseño y su banda sonora se alinean con esto que sienten como un llamado. Al mismo tiempo, desafiémoslos a prepararse profesionalmente: necesitamos pastores y líderes que entiendan bien la Biblia para enseñarla, que tengan una relación íntima con Dios y sean guiados por su Espíritu a través de la Palabra, que entiendan bien la cultura de nuestro tiempo para desafiar a los demás a aplicar el mensaje que enseñan; necesitamos pastores y líderes con la preparación adecuada para guiar a sus congregaciones en las áreas de sanidad y restauración y que también a través de su vida inspiren a otros a ser luz y sal del mundo.

Si su vocación ha de tomar forma en ocupaciones fuera de su congregación, queremos pedirte algo: ¡ayúdalos a seguir adelante! Equípalos para que brillen en esta tierra para la gloria de Dios, que extiendan su reino a la manera del Padre y a través de su diseño y siempre tocando su banda sonora, pero por favor, que nunca se desconecten de la iglesia local. Enséñales a que sean pacientes con ella y con sus defectos, que no sean del tipo de persona que solo habla de los problemas y no se hace parte de las soluciones; inspíralos a apoyarla con todo lo que puedan: su servicio, su dinero, sus ideas y sobre todo con su mejor actitud. Juntos oren por sus pastores y líderes y procuren tener con ellos conversaciones acerca de cómo están viviendo su vocación. Construyan relaciones sólidas que edifiquen, animen, ayuden y consuelen a quien lo necesite.

Nuestra oración es que el Señor renueve tu visión de su iglesia y te fortalezca para que cumplas con su misión de extender el reino de Dios en esta tierra. Oramos para que la iglesia latinoamericana brille con la luz de Dios generando los cambios que urgen en la actualidad en todas las áreas de nuestra sociedad, redimiendo cada dimensión de nuestras culturas. Y finalmente oramos para que millones de jóvenes a lo largo y a lo ancho de nuestro continente no solo *vayan* a la iglesia sino que *sean* iglesia en el sentido más bíblico posible, convirtiéndose en protagonistas del plan de Dios para la humanidad y su creación a través de sus vocaciones.

LECCIONES

TU VOCACIÓN Y LA BIBLIA

HOWARD ANDRUEJOL

LECCIÓN 01

DIOS QUIERE LO MEJOR PARA NOSOTROS

VERSÍCULO BASE

«Pues conozco los planes que para ustedes tengo, dice el Señor. Son planes de bien y no de mal, para darles un futuro y una esperanza». (Jeremías 29:11)

TEXTOS COMPLEMENTARIOS

Salmos 139 / Proverbios 16 / Lucas 14

PROPÓSITO DE LA LECCIÓN

Comprender que Dios es el mejor director de nuestra vida.

EVOLUCIÓN DEL CONCEPTO

- Debemos tomar decisiones
- En una decisión tenemos una parte activa
- Técnica para tomar decisiones

DESARROLLO DE LA LECCIÓN

INTRODUCCIÓN

Bienvenidos a esta serie de lecciones sobre cómo poner tu vocación al servicio de Dios. No existe decisión pequeña y definitivamente esta es una de las decisiones más importantes de tu vida. Hoy vamos a centrarnos en cómo tomamos decisiones y de qué manera podemos obtener lo mejor de ellas. La vocación es una decisión que debemos tomar, y antes de profundizar en qué es y cómo podemos ponerla al servicio divino, es fundamental que revisemos el siguiente fundamento: ¿cómo tomamos decisiones en nuestra vida?

> ***Nota para el expositor:***
>
> *En los programas de transición de carrera (outplacement) uno de los desafíos más grandes con que te topas es la frustración que cargan los individuos al sentir que no saben cómo terminaron en los puestos que están abandonando, puestos que no eran lo que querían ni lo que los apasionaba. Otras personas habían tomado decisiones por ellos y ahora miran hacia atrás frustrados de haber «desaprovechado» parte de su vida; por tal razón, es de vital importancia que revisemos al inicio cómo tomamos decisiones.*

ACTIVIDAD INICIAL

Pregunta al grupo de personas que tienes frente a ti: ¿cuál es la decisión más importante que has tomado en la vida?

Anota las respuestas en una pizarra.

Todas estas decisiones son parte fundamental de lo que hoy somos, y debemos aprender que la mejor forma de tomar decisiones es en la perfecta voluntad que Dios tiene para nosotros.

Jeremías 29:11 nos dice: *«Pues conozco los planes que para ustedes tengo, dice el Señor. Son planes de bien y no de mal, para darles un futuro y una esperanza»*. Este texto representa una nota de esperanza muy importante que el pueblo de Dios necesitaba escuchar ya que se encontraban en cautiverio (era una corrección divina por su rebeldía); sin embargo, el Dios de gracia que tiene control de la historia, cuya soberanía determina los planes en el cielo y en la tierra, no los había abandonado. Él cumpliría sus promesas, mostraría su fidelidad y actuaría en favor de los suyos.

Dios tiene el control de nuestras vidas; los planes que tiene para nosotros son buenos porque él es amor. Esto quiere decir que todo plan que él tenga para nosotros es de amor.

DEBEMOS TOMAR DECISIONES

En Génesis 12 podemos observar cómo Dios llamó a Abraham.

Basándonos en los primeros cinco versículos de este capítulo, ¿qué actitudes tomó Abraham con el llamado de Dios que nosotros deberíamos estar imitando?

> *Permite que tus alumnos tomen nota de esto. El propósito es que escriban o identifiquen cosas como: obediencia, fe, acción, tomó la decisión de creerle, no le importó su edad, etc. Recuerda que aun más importante que la respuesta plana es la reflexión sobre lo que están diciéndote. Entonces puedes continuar con la siguiente pregunta:*

¿Por qué consideran ustedes que la actitud ____________________ es imitable? ¿Cómo podemos incluirla en nuestras vidas?

La mejor decisión que podemos tomar en nuestras vidas es seguir la voluntad del Señor; toda decisión debe estar sujeta a su guía. Dios ya tiene un plan para nosotros así como lo tuvo con Abraham.

El miedo o la duda que pueden abordarnos en este momento es: ¿qué pasa si Dios elige para mi vida algo que no me gusta?

EN UNA DECISIÓN TENEMOS UNA PARTE ACTIVA

Dios nos ha regalado un cerebro capaz de crear y soñar: las capacidades que tenemos, nuestra pasión y nuestros gustos son parte del regalo divino que nos dio Dios cuando nos entregó la vida. No imagino a un Dios de amor cargándonos con habilidades para luego dejarlas de lado y ponernos a hacer algo para lo que no somos buenos y que no nos guste (esto iría en contra de la parábola de los talentos de Mateo 25), así que la pregunta es: ¿cuál es nuestra parte?

La versión NTV de Proverbios 16:1 nos dice: «*Podemos hacer nuestros propios planes, pero la respuesta correcta viene del Señor*». Debemos responsabilizarnos por tomar las decisiones de nuestra vida, siempre descansando en la soberanía de Dios.

¿Qué decisiones nos han traído hasta acá?

Existen dos tipos de decisiones: unas son las que tomamos todos los días, tales como con qué voy a vestirme, cómo voy a comportarme hoy o de qué voy a hablar hoy con mis amigos. Estas decisiones diarias son poderosísimas porque en ellas (aunque no lo notemos) están nuestros hábitos, y la suma de todas estas pequeñas decisiones tienen consecuencias buenas o malas para nuestro futuro.

Las otras son las decisiones grandes: qué voy a estudiar, con quién voy a casarme, qué trabajo voy a escoger, dónde voy a vivir, etc. Estas decisiones esporádicas son las que identificamos como vitales. Las decisiones grandes nos marcan y van afectando la forma en la que tomamos decisiones hoy; el producto de nuestra vida es la suma de las cosas buenas y no tan buenas que nos han sucedido y que nos traen hasta acá.

Analicemos nuestras vidas para saber qué nos trajo hasta acá.

Toma una hoja y divídela en dos porque vamos a escribir una línea del tiempo. Piensa en todas esas decisiones y situaciones positivas que has vivido que te han marcado, y de la misma manera piensa en todas esas decisiones y situaciones no tan positivas que has vivido que te han marcado. La suma de ambas te ha traído hasta acá.

Escríbelas en orden lineal y permite una vista a tu pasado para entender cómo tomas decisiones o por qué tienes la óptica que tienes.

> ***Nota para el expositor:***
>
> *Este ejercicio es muy poderoso para reflexionar en la manera en la que somos el producto de nuestras decisiones y situaciones; éstas no son necesariamente todas tomadas por nosotros pero sí lo es la actitud con que decidamos enfrentarlas. Poder ayudar a la gente a decir «Yo tengo miedo de tomar decisiones desde que viví una ruptura con mi pareja» o «*Mi profesor de m*atemáticas del colegio fue tan bueno que me hizo creer en mí» son temas vitales; reconocer esto nos ayuda a madurar nuestra toma de decisiones.*
>
> *Si alguno de tus estudiantes decide exponer, permítele mostrar sus ideas. Puede ser que esta actividad sensibilice a algunas personas. Asegúrate de agradecer cada participación y no presionar para que todos expongan.*

TÉCNICA PARA TOMAR DECISIONES

Ya vimos que nuestro buen Dios tiene planes perfectos para nosotros, sin embargo nosotros debemos tomar parte activa en nuestras decisiones; no podemos pretender que un ente cósmico nos arregle la vida sin mover nosotros un dedo. Fe no es improvisación.

¿Cómo podemos tomar mejores decisiones?

Tomar decisiones es una de las competencias más valoradas en nuestros días. Una competencia es nuestra capacidad para hacer o desarrollar algo.

La competencia de tomar mejores decisiones tiene como fundamento los siguientes pasos:

1. Identificar los factores de decisión
2. Identificar las diferentes opciones que tenemos
3. Ponderar los beneficios y contras que tiene cada una
4. Tomar la decisión

Poder seguir este camino de la mano del Señor será una de las mejores técnicas que podremos hacer.

> *Encuentra en **www.e625.com/lecciones** la Hoja de Trabajo correspondiente a la Lección 1. Descárgala, imprime las que necesites y entrégale una a cada participante. Luego da la siguiente explicación:*

A la hora de tomar decisiones debemos tener bien claros los factores de decisión. Un factor de decisión es tanto aquello que estamos buscando en lo que queremos como aquello que estamos evitando. Tenemos que tener total claridad de esto, ya que dejar algo de lado puede llevarnos a tomar una decisión de la que después nos arrepintamos.

Entonces lo primero que debemos hacer después de definir qué decisión estamos tomando es definir los factores de esta decisión (puedes usar todos los que consideres). Si vamos a comprar un auto puede ser que los factores sean seguridad, velocidad o economía, y que las cosas que no quieras sean colores específicos, marcas o modelos.

Ahora bien, no todos los factores tienen el mismo peso: por ejemplo, seguridad y economía pueden tener más peso que velocidad de la misma forma que evitar un 4x4 pueda tener más peso que evitar un auto blanco. Por esto, el siguiente paso es determinar el peso que corresponde a cada factor. Acá el propósito no es ponernos matemáticos de cerrar todo a nivel porcentual sino de asignar el peso que creemos que merece cada factor.

El siguiente paso es determinar las opciones que tenemos; uno de los peores errores que podemos tomar es brincar a una decisión sin haber explorado las diferentes opciones.

Y ahora sí podemos iniciar el proceso de calificación de factores. De 0 a 100 calificas qué tanto calza la opción de decisión con el factor. La idea es que al calificar los factores que quieres y los factores que no quieres por separado puedes restarlos entre sí y tomar una calificación general por opción.

La lógica nos dice que la opción con mayor resultado es la que deberíamos escoger.

Es tiempo de practicar: ¿qué decisión tienes en frente que requiera ser analizada?

En Lucas 14:31-32 Jesús nos narra la siguiente historia para hablar del precio de ser su discípulo, una tremenda decisión: *«Supongamos también que un rey está a punto de ir a la guerra contra otro rey. ¿Qué tendría que hacer primero? Tendría que sentarse a calcular si con diez mil hombres puede enfrentarse al que lo va a atacar con veinte mil. Si ve que no puede, enviará una delegación para pedir condiciones de paz mientras el enemigo está todavía lejos».*

Hoy es un buen día para que practiquemos tomar decisiones.

CIERRE

El salmo 139:23 nos habla de la actitud con la que deberíamos vivir nuestras vidas, incluyendo la toma de decisiones: *«Examíname, Dios, y conoce mi corazón; pruébame y conoce mis pensamientos».* Cuando en oración nos acercamos al Señor y le pedimos ayuda, él nos guía. Nosotros tenemos la responsabilidad de empoderarnos y tomar decisiones fundamentadas en su perfecta voluntad para nosotros. Dios es el mejor director de nuestras vidas.

LECCIÓN 02

EL LLAMADO DE DIOS PARA NUESTRAS VIDAS

VERSÍCULO BASE

«Luego Dios los bendijo y les dijo: "Tengan muchos hijos, para que llenen toda la tierra, y la administren. Ustedes dominarán a los peces del mar, a las aves del cielo, y a todos los animales que hay en la tierra"». (Génesis 1:28)

TEXTOS COMPLEMENTARIOS

Colosenses 3:23 / Juan 2 / Hechos 17 / Mateo 5:14-16 / Mateo 6:10 / Mateo 22:37-39 / Mateo 28:19-20

PROPÓSITO DE LA LECCIÓN

Concientizar que nuestro llamado no se limita a las paredes del templo sino que es una misión para cada área de nuestra vida.

EVOLUCIÓN DEL CONCEPTO

- Dios hizo todo bueno (la división entre lo sacro y lo secular es un error)

- La vocación es el llamado
- El propósito de nuestra vida es implementar el reino de Dios

DESARROLLO DE LA LECCIÓN

INTRODUCCIÓN

La mayoría de las veces que hablamos de «el llamado de Dios» nos imaginamos que el cielo se abre, una luz desciende y una voz tipo locutor nos dice que Dios nos llama a la obra eclesial, y aunque no dudo de que Dios no tiene reparo en botar de su caballo a una persona para llamarlo a la misión, lo que sí es claro es que la misión es ineludible y puede presentarse como un deseo ardiente de hacer algo, un talento natural que sorprende a muchos, una causa que no nos deja dormir o un aprendizaje que va creciendo.

Dios te ha llamado, y lo que vamos a ver hoy es que no es únicamente a lo que sucede en el templo.

ACTIVIDAD INICIAL

Pregunta a tus alumnos si alguno tiene un llamado de Dios. Probablemente algunos respondan sobre temas un poco más eclesiales: adoradores, evangelistas, predicadores, etc. Sería muy extraño que alguno te diga que tiene el llamado a ser futbolista, pero no te alarmes si eso sucede. Toma nota de todo lo que te digan.

Dios hizo todo bueno (la división entre lo sacro y lo secular es un error de interpretación).

En el libro de Colosenses, Pablo estaba exhortando a los habitantes de Colosas a cumplir con sus obligaciones y hace una analogía de la excelencia con la que debemos trabajar porque nuestro amo es Cristo. Colosenses 3:23 nos dice: *«Hagan lo que hagan, háganlo bien, como si en vez de estar trabajando para amos terrenales estuvieran trabajando para el Señor».*

Martín Lutero dijo en el siglo XVI: «La criada que barre la cocina hace la voluntad de Dios del mismo modo que lo hace el monje que ora, no porque pueda estar cantando un himno al barrer sino porque a Dios le gustan los pisos limpios. El zapatero cristiano cumple su deber cristiano no al poner una pequeña cruz en cada zapato sino al hacer buenos zapatos, porque a Dios le gusta el trabajo bien hecho».

Nota para el expositor:

Cuando Dios diseñó a al ser humano en el Edén le asignó el trabajo de señorear sobre la tierra (en otras palabras, de administrarla). El diseño original de Dios no separa lo sacro de lo «secular», porque al final Dios nos pedirá cuentas sobre nuestra mayordomía completa. Piensa por un momento en lo que hubiera sucedido si todo el pueblo de Israel hubiera decidido hacerse levita y servir en el templo. ¿De qué vivirían? ¿Cómo comerían? La realidad es que Dios quiere usarnos más allá de lo que nuestras costumbres cristianas nos han dicho que es el servicio a Dios.

¿Qué creen ustedes que signifique esta frase para nuestro contexto hoy?

Toma nota de sus respuestas y condúcelos a la reflexión sobre la manera en la que Dios nos necesita como agentes de cambio en toda la tierra, tanto dentro de la iglesia como fuera de ella.

En Génesis 1:28 el Señor dice: *«Tengan muchos hijos, para que llenen toda la tierra, y la administren. Ustedes dominarán a los peces del mar, a las aves del cielo, y a todos los animales que hay en la tierra»*. Dios no marca una diferencia entre el trabajo que le asigna a Adán y lo espiritual: su diseño es integral. Lo sacro y lo secular se juntan para servirle al Señor.

En las bodas de Caná (Juan 2) el agua de la purificación se convirtió en el vino de la celebración; en Hechos 17, el templo pagano se convirtió en el lugar de la predicación.

¡BOOM! Nuestro templo tiene límites pero nuestra labor como iglesia es 24/7, y Dios te necesita entendiendo que nuestra vida es completa al servicio de Cristo.

LA VOCACIÓN ES EL LLAMADO

Mateo 5:14-16 nos dice: *«Ustedes son la luz del mundo. Una ciudad asentada sobre un monte no puede esconderse. Nadie enciende una lámpara para esconderla bajo un cajón, sino que la pone en alto para que alumbre a todos los que están en la casa. ¡Así dejen ustedes brillar su luz ante toda la gente! ¡Que las buenas obras que ustedes realicen brillen de tal manera que la gente adore al Padre celestial!»*.

Discutamos las siguientes preguntas:

- ¿En qué momentos de nuestra vida estamos llamados a ser luz?
- ¿Qué tenemos que hacer para que otros glorifiquen al Padre?

Estamos llamados a ser luz todo el tiempo, y esa luz debe ser manifiesta en obras. Nuestro llamado no solamente trata de lo que hacemos dentro de los templos, estamos llamados a servir con excelencia para que estas personas glorifiquen a Dios, y ese llamado se manifiesta en nuestra vocación.

Hagamos un breve trabajo de investigación de grandes personas de la Biblia para que identifiquemos su oficio o llamado y cómo lo pusieron al servicio del Señor.

> *Encuentra en **www.e625.com/lecciones** la Hoja de Trabajo 1 correspondiente a la Lección 2. Descárgala, imprime las que necesites y entrega 1 en grupos de 5 personas.*

Permite que los equipos expongan sus descubrimientos y que puedan reflejar que desde sus vocaciones u oficios cada una de estas personas impactó directamente en la espiritualidad de muchísimas personas.

El propósito de nuestra vida es implementar el reino de Dios.

¿Entonces cuál es el propósito de nuestra vocación, entendiendo que el llamado no es únicamente un asunto de servir en las dinámicas del templo?

La oración más famosa del Nuevo Testamento es lo que llamamos «el Padre nuestro», y la encontramos en Mateo 6. El versículo 10 nos dice: *«Venga tu reino y cúmplase en la tierra tu voluntad como se cumple en el cielo».*

La oración de Jesucristo es un llamado al Padre para que su modelo de gobierno se reproduzca en la tierra.

¿Cómo podemos desde nuestra vocación o nuestro llamado cumplir con los pilares del gran mandamiento y la gran comisión?

*Encuentra en **www.e625.com/lecciones** la Hoja de Trabajo 2 correspondiente a la Lección 2. Descárgala, imprime las que necesites y entrega una cada participante.*

Permite que lo discutan y que exploren cómo el buen desempeño dentro y fuera del templo es el plan de Dios.

CIERRE

Dios espera de nosotros que podamos brillar tal y como él nos diseñó. Nuestro propósito no es encerrarnos entre cuatro paredes y creer que el plan de Dios se limita a la dinámica cúltica, nuestro llamado es a poner nuestra vida al servicio de Dios, y eso significa que tenemos que brillar donde sea que él nos ponga.

Ora por tus alumnos para que el Señor los use desde donde están y con lo que tienen.

LECCIÓN 03

DIOS ME DISEÑÓ PARA SU OBRA

VERSÍCULO BASE

«Tus ojos vieron mi cuerpo en gestación: todo estaba ya escrito en tu libro; todos mis días se estaban diseñando, aunque no existía uno solo de ellos». (Salmos 139:16)

TEXTOS COMPLEMENTARIOS

1 Juan 4:8 / Mateo 25:15

PROPÓSITO DE LA LECCIÓN

Entender cómo Dios me formó para poder cumplir su propósito.

EVOLUCIÓN DEL CONCEPTO

- Yo soy formado por Dios y él es un Dios de amor
- Si entiendo quién soy y lo que Dios puso en mí, entonces puedo cumplir mejor
- Herramientas para entender mejor quién soy

DESARROLLO DE LA LECCIÓN

INTRODUCCIÓN

Dios nos ha dotado con características únicas a cada uno de nosotros. No existe un ser humano que tenga tus mismas huellas digitales, no lo existió y no lo existirá, y es por esta razón además que debemos tener claridad de que, basado en el perfecto plan del Señor, nuestro aporte es fundamental. Podemos agregar componentes desde nuestra singularidad que en los entornos correctos se convertirán en herramientas en las manos de Dios para instalar su reino en la tierra.

ACTIVIDAD INICIAL

¿Cuál consideras que es tu habilidad más importante?

Si no necesitaras dinero para vivir, ¿a qué te dedicarías?

> *Toma nota de las respuestas en un pizarrón. Puede ser que te topes con alguna sorpresa.*
>
> *Nota para el expositor:*
>
> *Profundiza y refuerza los comportamientos o dones de tus alumnos; por ejemplo, si una chica dice «tengo habilidad para liderar» y la has visto haciéndolo, entonces refuérzalo con un ejemplo, puedes decirle algo como* «Sí, yo te vi el otro día cuando...». *Todo el tiempo que podamos reafirmar lo bueno de las personas es un tiempo de Dios.*

YO SOY FORMADO POR DIOS Y ÉL ES UN DIOS DE AMOR

Dios nos diseñó de la mejor manera. Salmos 139:16 nos dice: *«Tus ojos vieron mi cuerpo en gestación: todo estaba ya escrito en tu libro; todos mis días se estaban diseñando, aunque no existía uno solo de ellos».*

El salmista está expresándole al Señor la seguridad de que lo que él es fue diseñado por Dios. 1 Juan 4:8 nos recuerda que Dios es amor, y esto quiere decir que nosotros fuimos hechos por amor y que el diseño que nos dio a cada uno de nosotros es por amor.

Así que vamos a tratar de imitar el trabajo que hizo el salmista con el salmo 139.

Junta a las personas en parejas y que se digan mutuamente 3 a 5 características o cosas que admiran de la otra persona (en caso de que el grupo sea de personas que no se conocen, los pones a que ellos escriban sus propias características y que luego las compartan en parejas). En 5 minutos deben hacer un párrafo, poema u otra expresión que glorifique a Dios por esas 5 características que les señalaron como cosas admirables, tal y como lo hizo el salmista en el salmo 139:16.

Permite que expongan sus creaciones para glorificar al Señor con lo que ellos son.

Si entiendo quién soy y lo que Dios puso en mí, entonces puedo cumplir mejor

Ya nos quedó claro que Dios nos ama y que nos formó con amor para un propósito de amor como es el implementar el reino de Dios en la tierra. En lecciones anteriores aprendimos que debemos tomar decisiones y que Dios cuenta con nosotros desde donde estemos, entonces es momento de entendernos a nosotros mismos para poder servirle mejor a Dios.

Cada uno de nosotros tiene capacidades; delante del Señor no se trata de cuántas son sino de cómo las uso al servicio de él, tal y como nos lo demuestra Mateo 25:15. Normalmente nos gustan cosas para las que somos buenos, por lo que revisar un poco nuestros intereses, habilidades y valores puede darnos muchísima luz de lo que podemos hacer para el Señor.

*Encuentra en **www.e625.com/lecciones** las Hojas de Trabajo 1 y 2 correspondientes a la Lección 3. Descárgalas, imprime las que necesites y entrégale una a cada participante. Que inviertan entre 5 y 7 minutos en detectar sus intereses (las cosas que les gustan y les llaman la atención), sus habilidades (las cosas en las que son buenos) y sus valores (aquello que no es negociable para ellos).*

Ayúdales a reflexionar con las siguientes preguntas:

- *¿Qué cosas sabía sobre mí pero que fue interesante plasmarlo en un documento?*
- *¿Qué cosas no sabía sobre mí que ahora están claras?*

HERRAMIENTAS PARA ENTENDER MEJOR QUIÉN SOY

Utiliza un ejemplo de un deseo frustrado o puedes utilizar mi historia.

Uno de los deseos que siempre tuve desde chico fue anotar el gol con el que la selección de futbol de mi país clasificara al Mundial. Desde chico he jugado a la pelota, y la verdad soy bien torpe; con suerte conseguí un equipo de personas que son igual de malos jugadores que yo. Entonces decidí que no iba a ser futbolista, sin que esto significara que iba a dejarlo de lado como pasatiempo.

Exploré otras fortalezas más pegadas a mis habilidades, siempre buscando un alineamiento con mis intereses y mis valores, y en medio de esto fue donde descubrí que nuestra personalidad influye predisponiéndonos a hacer las cosas en que podemos ser más exitosos.

A inicios del siglo pasado el doctor William Moulton llevó a otro nivel el estudio de las emociones, y hoy vamos a hacer un experimento en la clase reproduciendo algunos rasgos.

Primero vamos a dividir el grupo en dos: quienes cuestionan a mi izquierda y quienes aceptan a mi derecha. Primero escuchen las descripciones: quienes cuestionan son personas que no creen tan fácilmente, son desafiantes, son objetivos y se abocan mucho a la lógica; quienes aceptan siguen bien las indicaciones, les gusta trabajar por pasos, son cuidadosos y no son acelerados.

Ahora sí, que se separe el grupo en quienes cuestionan y quienes aceptan.

Ahora vamos a lanzar dos opciones más: quienes son enérgicos frente a mí y quienes son pensativos detrás de mí. Quienes son enérgicos son rápidos y no le temen a los riesgos, además de decir las cosas de manera directa y ser emprendedores. Quienes son pensativos son precavidos y enfocados, hacen las cosas con cuidado y son tranquilos.

Ahora sí, que se separe el grupo en quienes son enérgicos y quienes son precavidos.

La teoría nos dice lo siguiente y deben recordarlo: quienes cuestionan y además son enérgicos son catalogados como DOMINANTES, y quienes aceptan y además son enérgicos son catalogados como INFLUYENTES.

Quienes aceptan y además son influyentes son catalogados como ESTABLES, y quienes cuestionan y además son pensativos son catalogados como CONCIENZUDOS.

Ahora toma nota de cada descripción y revisa si las tareas que vamos a decir calzan con cada persona:

Los *dominantes* son personas a las que les gustan los trabajos desafiantes, toman el mando, pueden tomar decisiones rápidas y les gustan la aventura y los desafíos; sin embargo no son tan buenos en el trato con la gente, se desesperan rápido con quien no toma decisiones como ellos y pueden tender a ser impositivos.

Los *influyentes* son personas que administran muy bien sus relaciones y buscan llegar a su éxito individual a través de ellas, les encanta ser el centro de atención, dan ánimo y son buenos vendedores de ideas; sin embargo no son buenos con el detalle, puede olvidárseles algo y corren el riesgo de manipular a otros.

Los *estables* son personas que se preocupan por los demás, son excelentes compañeros de equipo y pueden seguir un proceso a la perfección; sin embargo corren el riesgo de no decir «no» lo suficiente, son muy posesivos y terminan cediendo sus ideas.

Los *concienzudos* son personas que cuidan el detalle, pueden llevar un cronograma a la perfección y te cuidan la calidad; sin embargo no son empáticos, se toman las cosas personales y son muy perfeccionistas.

Con esta información en mente, escribe una lista de trabajos u ocupaciones en las que te gustaría enrolarte y compáralos con tus resultados en este experimento.

¿Qué trabajos son compatibles con tu personalidad? ¿Con cuáles tendrías dificultades?

Bajo este pequeño experimento, ¿qué cosas tienes para poderle servir a Dios? ¿En qué roles crees que puedes aumentar tu efectividad?

Lleva este análisis en oración. Vamos a seguir en la próxima reunión trabajando en esto.

CIERRE

Hemos aprendido que Dios nos ha formado para cumplir con el propósito de implementar su reino en la tierra, y para eso nos dio la capacidad de servirle. Tal y como la parábola de los talentos, así creamos que tenemos poco o mucho, pongámoslo al servicio del Señor, él nos hizo para servirle.

LECCIÓN 04

MI VOCACIÓN AL SERVICIO DE CRISTO

VERSÍCULO BASE

«No ruego que los quites del mundo, sino que los guardes del mal». (Juan 17:15, RVR1960)

TEXTOS COMPLEMENTARIOS

2 Timoteo 1:6

PROPÓSITO DE LA LECCIÓN

Entender la vocación dentro y fuera del templo como parte del llamado de Cristo para nuestras vidas.

EVOLUCIÓN DEL CONCEPTO

- Dios quiere usar mis talentos
- Dios quiere usar mi pasión
- Dios quiere dirigirme a la organización correcta

DESARROLLO DE LA LECCIÓN

INTRODUCCIÓN

Esta es la cuarta lección sobre vocación, y es que el llamado de Cristo para nuestras vidas es ineludible. Estamos siendo llamados a ser luz en medio de las tinieblas, a mostrar el testimonio de Jesucristo a partir de nuestro propio testimonio, y Dios nos necesita ahí. No somos parte del plan de Dios, somos EL plan de Dios.

ACTIVIDAD INICIAL

Después de repasar la manera en la que debemos tomar decisiones, entender cuál es nuestra misión en la tierra y reconocer que somos creados por un diseño divino con características únicas para la misión, **desarrollemos una meta PACO sobre el rumbo de nuestra vocación.**

Una meta PACO es un Propósito Apasionante, Comportamental y basado en un Orden.

Cuando escribimos un Propósito debe ser algo que nos haga soñar, cuando es Apasionante es que debe ser positivo, cuando es Comportamental es basado en los diferentes comportamientos que tenemos incorporados para lograr esa meta y cuando habla de Orden es porque tenemos un plan a seguir.

> ***Nota para el expositor:***
>
> *La meta PACO es lo que se conoce como meta DUMB; una traducción directa a este tipo de metas es un Sueño (Dream) Motivante (Uplifting), con un Método (Method-Friendly) y Comportamental (Behavioral), es un complemento a la meta SMART (o meta MARTE: Medible, Acordada, Realista, puesta en el Tiempo y Específica) y se utiliza para maximizar la emoción en las personas y aumentar el compromiso.*

Permite que lo desarrollen en grupos si la audiencia es muy grande o individual si el grupo es pequeño y que las expongan.

Existe una matriz que habla del punto máximo de realización vocacional (o profesional) y es el modelo TOP: dice que para obtener el máximo provecho de nuestra vocación debemos estar en una organización que nos facilite el uso de nuestros talentos y que nos apasione lo que hacemos.

Queremos motivarte a que te enamores de la misión que Dios nos dio en la tierra.

DIOS QUIERE USAR MIS TALENTOS

Los talentos que Dios te dio te los dio a ti y los tienes siempre listos para poder cumplir con el propósito de Dios para tu vida.

Pega una hoja en blanco en la espalda de cada uno de los participantes de la lección. Durante 5 minutos (administra el tiempo de acuerdo a los participantes) pídeles que escriban talentos y habilidades en la hoja de papel que posee el alumno que la porta (debes hacer muchísimo énfasis en que son cosas positivas). Luego de esto pídele a las personas que se quiten la hoja con los comentarios de las personas y que se sienten a leerla.

Pablo escribe en 2 Timoteo 1:6 lo siguiente: *«Por eso te recomiendo que avives la llama del don de Dios que recibiste cuando te impuse las manos»*. Dios nos ha dado dones y talentos, y de la misma forma en la que Pablo le recuerda a Timoteo que avive la llama del don de Dios te motivamos a que los talentos que Dios te ha dado los uses para su obra.

DIOS QUIERE USAR MI PASIÓN

Identificar la pasión es uno de los desafíos más importantes que tenemos todos aquellos que queremos poner nuestra vocación al servicio de Cristo. Desgraciadamente, hay estudios que indican que solo el 12,3 % de las personas que trabajan están apasionadas por lo que hacen.

¿Cuál es tu pasión?

Este es un buen momento para hacer un trabajo individual (dales 5 minutos y que lo piensen bien). En una hoja escribe todo aquello que te apasiona, no solo que te gusta sino lo que te roba la respiración, con lo que sueñas.

Hasta este momento de la clase tenemos una lista de cosas en las que somos buenos y cosas que nos apasionan, ahora busquemos cerrar nuestro TOP con la organización correcta.

DIOS QUIERE DIRIGIRME A LA ORGANIZACIÓN CORRECTA

Dios quiere que brillemos en todo lugar, y qué bien sería brillar en la organización correcta.

¿Cuál es el propósito de Dios para tu vida? ¿Dónde pueden tus talentos mostrar el amor de Jesús a otros mientras apasionadamente implementamos el reino de Dios en la tierra?

Nosotros tenemos talentos, intereses y valores que deben empatar con las competencias, visión y valores de las organizaciones, así que poder llevar nuestra vocación al máximo nivel necesita que invirtamos tiempo investigando y pidiendo consejo.

Vayamos nuevamente a nuestro trabajo de hoy: basado en los talentos que Dios te dio, aquello que te apasiona y el correcto entendimiento que nuestra finalidad es implementar el reino de Dios en la tierra, ¿qué lugares deberías buscar para poder servirle al Señor con excelencia?

El Señor nos quiere brillando. La Palabra nos muestra a Jesús orando por sus discípulos: *«No ruego que los quites del mundo, sino que los guardes del mal»* (Juan 17:15, RVR1960).

CIERRE

Hemos trabajado durante 4 lecciones sobre cómo maximizar tu vocación para ponerla al servicio del Señor, y por eso vamos a dejarte una tarea.

Estudia a fondo las necesidades de las organizaciones donde puedes explotar tus talentos y tu pasión y desarrolla con diligencia un plan para conseguir lo que sea que te haga falta: conocimientos, habilidades, contactos, etc. Dios quiere usarte.

¿Oramos?

Señor, te pedimos por cada una de las personas que ha llevado este proceso para que puedan entender que tú eres el mejor director de nuestras vidas y que toda acción debe hacerse en oración y bajo tu guía. Padre, ayúdanos a que podamos vivir plenamente la misión que has escogido para nosotros; queremos que tu reino venga, queremos ser instrumentos útiles en tus manos para poder cumplir con tu misión.

Gracias, Señor, por formarnos únicos, con talentos y habilidades y con cosas que nos gustan y apasionan; permítenos que tu testimonio sea evidenciado a partir de la excelencia con la que decidimos servirte en todas las áreas de nuestra vida.

Finalmente, te pedimos para que abras las puertas en las organizaciones correctas para poder influir donde tú quieres llevarnos. Que el mundo se llene de tu gloria y que podamos ser la iglesia que comprende plenamente tu plan.

Amén.

TU VOCACIÓN Y LA BIBLIA

APÉNDICES

APÉNDICE 01

ME GRADUÉ. Y AHORA, ¿QUÉ VOY A ESTUDIAR?

SIETE CONSEJOS SOBRE LA VOCACIÓN, LA VOLUNTAD DE DIOS Y LOS ESTUDIOS

Los compañeros comienzan a despedirse, se acercan los exámenes finales, hay que comprar el vestido de graduación y hacer los últimos pagos; todo este ambiente anuncia la llegada del momento agridulce del final de los estudios secundarios. La meta de la graduación está muy cerca; sin embargo, hay otros pensamientos que asoman inoportunos: «Qué voy a estudiar ahora?», «¿A qué voy a dedicarme?», «¿Por qué cuesta tanto decidir?». Los siguientes consejos tienen como propósito ayudarte en la delicada y emocionante decisión de tus estudios y tu vida futura.

1. DALE A ESTA DECISIÓN LA IMPORTANCIA DEBIDA

Esto significa que no debes relegar el tema a un segundo plano con la actitud de «cuando llegue a la ventanilla de la universidad ahí voy a decidir», aunque tampoco debe ser motivo de continuos desvelos.

2. ORA AL SEÑOR BUSCANDO SU PERFECTA VOLUNTAD Y DEPENDIENDO DE ÉL

No menosprecies la oración. Recuerda que la Palabra de Dios nos anima: *«No se angustien por nada; más bien, oren; pídanle a Dios en toda ocasión y denle gracias. Y la paz de Dios, esa paz que nadie puede comprender, cuidará sus corazones y pensamientos en Cristo»* (Filipenses 4:6-7).

3. RODÉATE DE BUENOS CONSEJOS Y CONSEJEROS

La Biblia enseña que *«La falta de consejo frustra los planes; la abundancia de consejo los prospera»* (Proverbios 15:22). Escucha el sano consejo de tus padres, de tus maestros del colegio o de líderes maduros de la iglesia. Sus palabras podrían ser una luz en un camino que se ve algo borroso y te ayudarán a tomar una mejor decisión.

4. CONSIGUE TODA LA INFORMACIÓN QUE PUEDAS

a. En muchas instituciones educativas de secundaria se ofrecen pruebas vocacionales que buscan descubrir y hacer patentes tus aptitudes, tus intereses y tus características como persona.

b. Conoce las diferentes universidades que hay en la ciudad y consigue prospectos de las carreras que ofrecen. Averigua cuáles son los servicios que se ofrecen (biblioteca, transporte, fotocopias, librería, etc.) y también los costos del estudio y de esos servicios. Habla con amigos que estudian en distintas instituciones y pregunta acerca de las ventajas educativas, el nivel académico, las clases, el ambiente, etc.

c. Con objetividad, analiza los límites que tienes y los obstáculos que te presenta el estudiar en tal o cual institución universitaria: por ejemplo, si los costos son muy altos, si la universidad está muy lejos o si se exige cierto nivel de calificaciones que quizás tú no tienes, analiza si debes trabajar para pagar los estudios, etc.

5. USA CRITERIOS CLAROS, BASADOS EN TUS VALORES

Los siguientes son algunos criterios que puedes usar para evaluar una carrera:

a. Escoge una carrera que te permita glorificar al Señor y servir a los demás: *«Hagan lo que hagan, háganlo bien, como si en vez de estar trabajando para amos terrenales estuvieran trabajando para el Señor. Recuerden que el Señor Jesucristo les dará la parte que les corresponde, pues él es el Señor a quien en realidad sirven ustedes»* (Colosenses 3:23-24).

b. Escoge una carrera que te permita realizarte como persona y que te dé satisfacción en el trabajo: *«Es don de Dios que todo hombre coma y beba, y goce el bien de toda su labor»* (Eclesiastés 3:13, RVR1960).

c. Escoge una carrera que te dé constantes oportunidades de desarrollo profesional y que no te obligue a estancarte.

d. No escojas una carrera solamente por uno o varios de por los siguientes motivos:
   - Porque esa es la carrera que estudiarán mis amigos
   - Porque esa carrera es más fácil
   - Porque es la que da más dinero
   - Porque es la carrera más corta

Aunque los motivos anteriores no son necesariamente malos, recuerda que está en juego una buena parte de tu vida futura. No escojas con base en motivaciones simplistas o egoístas.

6. TOMA LA DECISIÓN DE BUSCAR LA EXCELENCIA EN TODO EL TRABAJO QUE EMPRENDAS

Esta actitud te permitirá estar listo para emprender desafíos nuevos con entusiasmo y carácter. En ese sentido, toma en cuenta lo siguiente:

Ten cuidado al escoger una carrera muy nueva (recién iniciada), ya que puede ser que se cierre por falta de planificación o de estudiantes.

Ten cuidado al escoger carreras con muchos estudiantes; en esas condiciones, la calidad académica baja y la competencia profesional es mucha. Podrías terminar en un mercado saturado de profesionales de esa carrera, lo cual disminuye tus posibilidades.

Procura obtener cierta experiencia profesional mientras estudias, aunque sea en un empleo temporal o como asistente de algún profesional que ha estudiado tu carrera.

7. RECUERDA QUE EL SEÑOR QUIERE DIRIGIRTE PORQUE ÉL TIENE INTERÉS EN TODAS LAS ÁREAS DE TU VIDA

«Pues conozco los planes que para ustedes tengo, dice el Señor. Son planes de bien y no de mal, para darles un futuro y una esperanza» (Jeremías 29:11).

«Te haré entender, y te enseñaré el camino en que debes andar; sobre ti fijaré mis ojos» (Salmos 32:8, RVR1960).

«Encomienda a Jehová tu camino, y confía en él; y él hará» (Salmos 37:5, RVR1960).

«Confía en el Señor con todo tu corazón, y no confíes en tu propia inteligencia. Busca la voluntad del Señor en todo lo que hagas, y él dirigirá tus caminos» (Proverbios 3:5-6).

Descarga este material en ***www.e625.com/lecciones***

APÉNDICE 02

VIVE SEGÚN TU LLAMADO

¿A qué voy a dedicarme? ¿Es mejor dedicarse al ministerio a tiempo completo que a otras profesiones? Estas y otras preguntas se hacen los creyentes que desean honrar al Señor con su vida. Las siguientes observaciones tienen como propósito ayudar a quien busque entregarse a la voluntad divina y vivir según un llamado superior.

1. ¿QUÉ ES UNA VOCACIÓN?

El diccionario define una vocación como el «llamado o inspiración de parte de Dios para llevar una forma de vida, especialmente religiosa».

Como tal, se puede ver que la vocación abarca todo lo que haces.

En otras palabras, la vocación implica vivir de acuerdo con un llamado que Dios está haciendo a cada uno.

2. TODOS SOMOS LLAMADOS

Antes de su ascención a los cielos, Jesús les dijo a sus discípulos: *«Como mi Padre me envió, así yo los envío a ustedes»* (Juan 20:21).

- Estas palabras abarcan a todos los creyentes, lo cual significa que todas las personas han recibido una misión para ser cumplida.
- En la Edad Media, el dedicarse a la vida religiosa como monje o sacerdote era visto como superior al resto de los oficios tales como artesano, carpintero o soldado.
- Sin embargo, Martín Lutero tuvo una visión más bíblica de la vocación y el ministerio. Él escribió: **«Todos los cristianos son sacerdotes y todas las mujeres sacerdotisas, jóvenes o viejos, señores o siervos, mujeres o doncellas, letrados o laicos sin diferencia alguna».** De hecho, él dijo que un granjero sirve al Señor cuando ordeña una vaca, un ama de casa lo sirve haciendo la comida para su familia y un carpintero lo sirve haciendo una silla con excelencia y espíritu de servicio.
- Por supuesto, hay algunas personas a quienes Dios les ha dado un alto llamado para dedicarse laboralmente a servirlo apacentando a su grey, enseñando su Palabra o predicando el Evangelio.
- A la luz de lo anterior, el concepto del ministerio a tiempo completo debe ser cambiado. *Todos* los creyentes tienen un llamado a servir a Dios a tiempo completo, aunque *no todos* han sido llamados a dedicar todo su tiempo laboral al ministerio en la iglesia local.
- La pregunta que debemos contestar entonces no es si he sido llamado a servir a Dios o no, sino en qué área desea Dios que lo sirva.
- Si has sido llamado a ser médico, debes servir al Señor y a los demás por medio de un ejercicio excelente, compasivo y abnegado a sanar las enfermedades de aquellos que lo necesitan; si has sido llamado a ser maestro de educación primaria, debes servir al Señor ejerciendo tu oficio con compromiso hacia los estudiantes, estimulando su curiosidad y llevándolos a desarrollar una actitud contante de aprendizaje; si has sido llamado a ser pastor o misionero, debes hacerlo con amor

por los necesitados y buscando una preparación cada vez más adecuada. Esto bien podría ser una paráfrasis del pasaje de Romanos 12:6-8.

- Por supuesto, todos los creyentes debemos participar en el servicio en el contexto de nuestra familia espiritual que es la iglesia local. Hebreos 10:24 enseña que nuestra participación en la iglesia debe incluir tres actividades:

  a. *«Considerarnos unos a otros»*, lo cual implica preocuparnos (NVI) y cuidarnos unos a otros como una familia.

  b. *«Estimularnos al amor»*. Esto se lleva a cabo al practicar un amor sincero y traducido en actividades prácticas y oportunas. Por otro lado, indica que debemos animar a los demás a amarse y así provocar el deseo de expresar su cuidado de manera continua.

  c. *«Estimularnos [...] a las buenas obras»*. La iglesia local es el contexto espiritual primero en el que debemos servirnos y animarnos a servir a los demás. Los primeros ensayos y prácticas de servicio de futuros pastores, misioneros y líderes deben ser en la iglesia local.

Para todo esto, necesitarás una capacitación adecuada y una práctica constante de cuidado amoroso y un servicio desinteresado por los demás.

3. ¿CÓMO MUESTRA EL SEÑOR UN LLAMADO AL MINISTERIO?

- Podemos observar cómo fueron llamados algunos personajes de la Biblia para comprobar cómo llama el Señor a aquellos que él desea usar en el contexto de la iglesia local. Específicamente examinaremos la experiencia de Jeremías y de Pablo.
- En el caso de Jeremías, el texto clave es Jeremías 1:5: *«Antes que te formase en el vientre te conocí, y antes que nacieses te santifiqué, te di por profeta a las naciones»* (RVR1960).

- En el caso de Pablo, usaremos el pasaje de Gálatas 1:15-16: *«Pero cuando agradó a Dios, que me apartó desde el vientre de mi madre, y me llamó por su gracia, revelar a su Hijo en mí, para que yo le predicase entre los gentiles, no consulté en seguida con carne y sangre»* (RVR1960).

1. Dios nos conoce desde antes de nacer

* Fortalezas y debilidades
* Él decide ponernos en una familia
* Él decide cómo seremos
* Me conoce mejor que yo mismo

2. Dios nos aparta

* Nos prepara
* Nos equipa
* Encajamos en sus planes
* Encajamos en su obra (la importancia de la misión de Dios)

3. Dios nos nombra (así es, por nombre)

* Hay un lugar específico para nosotros
* Hay una tarea específica
* Todo lo demás conduce a esta misión
* La tarea es más grande que nosotros generalmente

4. Dios nos capacita y acompaña

* A Jeremías Dios le dijo: *«Y no le tengas miedo al pueblo, porque yo, el Señor, estaré contigo y te libraré en caso de peligro»* (Jeremías 1:8) y también *«Luego el Señor me tocó la boca y dijo: Mira, te he dado la capacidad de comunicar mis mensajes»* (Jeremías 1:9).

* A Pablo le dijo: «*¡No tengas miedo! [...] ¡Habla y no calles! Nadie podrá hacerte daño, porque yo estoy a tu lado*» (Hechos 18:9-10).

* En nuestro caso, la capacitación la provee la iglesia, el discípulado personal, los consejos, la práctica de servicio en la iglesia o los seminarios e institutos bíblicos.

* Dios siempre nos da su respaldo para cumplir la misión que él nos ha encomendado.

Descarga este material en ***www.e625.com/lecciones***

APÉNDICE 03

QUIERO SERVIR EN MI IGLESIA

PREGUNTA:

Quiero servir en mi iglesia colaborando en algún ministerio. El problema es que no sé en qué participar y mucho menos si voy a hacer un buen trabajo, ya que nunca he estado involucrado. Ahora entiendo que Dios puede usarme, pero la gran pregunta es cómo. Necesito orientación.

RESPUESTA:

Antes de comenzar con algunas ideas prácticas, ¡déjame felicitarte! ¡Qué bien que tienes el deseo de ser útil en la obra del reino! Eso me parece una de las decisiones más emocionantes que hay en la vida, porque estoy convencido de que un interés así no puede venir sino de Dios. ¡Cuánto nos necesitamos unos a otros en el trabajo del ministerio! Dios nos ha equipado individualmente con un gran potencial de hacer tremendas cosas para su gloria; lo que necesitamos es embarcarnos en una aventura de descubrimiento. En otras palabras, creo que para poder servir efectivamente necesitamos descubrir tres tesoros.

1. DESCUBRE TUS GUSTOS

Me gustaría comparar por un momento el involucramiento en el ministerio con la práctica del deporte. Sabemos que Dios quiere y puede usarnos a todos en su obra (1 Corintios 12:12, 27) y la pregunta inmediata es en qué puedo yo servir; esto me parece similar a decir algo como «Dios quiere que todos practiquemos deporte» con el interrogante de saber qué deporte voy yo a practicar. ¡Pues la primera respuesta viene con preguntarte qué deporte te gusta! Claro, todos tenemos por naturaleza ciertas preferencias y gustos, hay cosas que nos llaman la atención y otras que no e incluso podríamos decir que tenemos pasión por algunas cosas mientras que otras no nos atraen o entusiasman. ¡Y eso está bien! Aquí entonces está un buen punto de partida: de lo que conoces del trabajo en el ministerio (dentro o fuera de tu iglesia), ¿qué cosas te llaman la atención? ¿De cuál de todas estas opciones conoces más o hablas más?

2. DESCUBRE TUS HABILIDADES

Todos nacemos por naturaleza con capacidades en las que sobresalimos o con las que nos sentimos cómodos y hay cosas que podemos hacer muy bien con mucha facilidad; además, cuando nacemos de nuevo el Espíritu de Dios nos equipa sobrenaturalmente con varios dones o habilidades espirituales (aptitudes que no podríamos tener de otra manera) para que trabajemos en la obra de Dios. Todos tenemos al menos un don espiritual (1 Corintios 12:11), el problema es que algunos ignoramos cuál es o cómo se utiliza (1 Corintios 12:1). Un excelente proyecto que puedes emprender es averiguar cuáles son tus dones espirituales y cómo se usan, y para ello te recomiendo que dediques tiempo a:

Leer y estudiar el tema de los dones espirituales. Algunos pasajes clave al respecto son Romanos 12:3-8, 1 Corintios 12:1-31, Efesios 4:11-13 y 1 Pedro 4:10,11. Acompáñate de comentarios bíblicos, de diccionarios o de libros que aborden el tema de los dones espirituales, y quizás una entrevista con tus líderes para estudiar el tema sería también muy útil.

Preguntar a otros. Pedir instrucción a otros líderes o personas maduras sobre el tema es enriquecedor, pero además debes preguntarle a personas que te conozcan muy bien en qué creen o ven ellos que has sido equipado por Dios, cuáles creen que podrían ser tus dones o en qué áreas de ministerio piensan que podrías desenvolverte exitosamente. Es posible que estas personas vean cualidades que aún no has descubierto: escúchalos como a consejeros sabios (Proverbios 11:14).

Participar e involucrarte en muchas maneras. Una de las mejores experiencias de conocer el trabajo del ministerio y de explorar tu capacidad es siendo parte. Como espectador jamás averiguarás si puedes hacerlo, pero como jugador tendrás una mejor idea. Intenta al menos un par de veces involucrarte en distintas actividades o proyectos que tu iglesia desarrolle, habla con las personas encargadas de estos ministerios para contar con su apoyo y creo que con todo gusto te dejarán participar. Comienza con algo pequeño a tu alcance, una situación controlada.

3. DESCUBRE TUS OPORTUNIDADES

Cada don y habilidad fue diseñado por Dios para cubrir o satisfacer una necesidad, así que debes explorar, con el apoyo de tu liderazgo, qué hace falta en la obra del ministerio de tu iglesia. ¿Qué necesidad puede satisfacer tu trabajo? Quizás se trate de comenzar un ministerio o de arrancar un nuevo proyecto, o tal vez sea apoyar algo que ya está en marcha; en ambos casos, si has llegado hasta este punto de investigación es el tiempo de actuar. Pídele a tus líderes que te tomen en cuenta, que te asignen trabajos a desarrollar, que te pongan a hacer algo. ¿En qué te necesitan? Recuerda que es tiempo de trabajar, y eso implica esfuerzo (mucho empeño) pero al mismo tiempo es muy agradable delante de Dios (y tiene sus recompensas).

En 1 Pedro 4:10-11 encontramos cuál debe ser la actitud correcta de todos aquellos que estamos involucrados en la obra del reino. Nunca olvides que lo haces para gloria de Dios y para bendición de la iglesia: cualquier otra actitud (como querer sobresalir, buscar el poder, recibir reconocimiento o simplemente sentirte bien) está fuera de la voluntad de Dios.

Descarga este material en ***www.e625.com/lecciones***.

APÉNDICE 04

¿CÓMO SÉ SI ESTOY LISTO/A PARA EL LIDERAZGO?

Cualquier persona que esté o haya estado participando en el liderazgo ministerial podrá contarte que hubo momentos de incertidumbre acerca de si debía o no estar en aquella posición. Es algo que nos sucede a todos. En algunas etapas nos sentimos inadecuados o a lo mejor descalificados, mientras que también hay temporadas de mucha seguridad o confianza.

Es bueno tener el deseo de liderar si se cuenta con la motivación correcta, pero algunos equivocadamente quieren poder o protagonismo y eso solo lastima a todos los involucrados (aunque al ego le encanta). Ser líder es ser un servidor, y así lo explicó Jesús (Marcos 10:35-45).

Entonces, ¿será tiempo ahora de que ocupes alguna posición de liderazgo? Posiblemente lo anhelas o quizás te invitan a liderar; en ambos casos, ¡qué bueno que te haces la pregunta! Es muy inteligente tu cuestionamiento antes de tomar una decisión.

Es triste cuando alguien no toma el tiempo para discernir si es el momento o la situación apropiada para dar un paso al frente.

Lamentablemente, algunos han abandonado el liderazgo lastimados, frustrados y hasta avergonzados; comenzaron con ímpetu, con grandes sueños, con altas expectativas y terminaron lejos del rumbo. Algunos fueron heridos por el pecado sexual, otros por el orgullo, unos cuantos quizás por problemas con sus propios líderes; otros están al borde de tirar la toalla, de renunciar y largarse de su iglesia. Algunos quizás hasta ya olvidaron por qué están allí. En todos estos casos, me parece que todo se derrumbó incluso antes de comenzar la construcción.

Para responder entonces a la pregunta de hoy quizás podamos mencionar primeramente algunas evidencias equivocadas que muchas veces utilizamos para saber si alguien está listo o no para el liderazgo.

CINCO FALSOS INDICADORES:

1. No estás listo/lista solamente porque ya tienes suficiente tiempo de ser creyente. Los meses o años desde tu conversión no indican nada acerca de tu madurez y preparación para el liderazgo. En la universidad puedes encontrar a estudiantes que tienen el doble de tiempo de estar en la carrera y han repetido el mismo curso dos o más veces; ellos no están precisamente listos para avanzar en muchos proyectos importantes pero al parecer tienen muchos «años de experiencia». Generalmente buscamos a los más experimentados, es decir, los que tienen años de recorrido —sin importar si esto es bueno o no— como los primeros candidatos para el liderazgo.

2. No estás listo/lista solamente porque ya tienes suficiente tiempo de estar en tu iglesia. De manera similar a la evidencia anterior, solamente porque tengo muchos años de estar inscripto en una academia musical o en un club deportivo no significa que puedo producir grandes resultados. Quizás conozco más cómo funcionan las cosas y cuáles son los procedimientos pero eso no significa que pueda dirigirlos. En la iglesia es bueno dar un tiempo para conocer a las personas antes de invitarlos

al liderazgo, pero solamente porque ya han esperado los seis meses de requisito no quiere decir que sean capaces.

3. No estás listo/lista solamente porque eres familiar o amigo de los líderes principales de la iglesia. Solo porque tu mamá sea una excelente cocinera no quiere decir que tú también puedas cocinar una simple sopa; solo porque tu papá sea un mecánico automotriz no significa que tú puedas desarmar un motor (bueno, eso suena más fácil que armarlo); solo porque alguien tenga una estrecha relación con un excelente líder no quiere decir que esa persona sea también un excelente líder.
4. No estás listo/lista solamente porque completaste un curso o los estudios requeridos. La capacitación siempre es bienvenida y necesaria, pero nunca es una garantía. Es bueno pasar por las escuelas e liderazgo de la iglesia o por estudios teológicos en un seminario o un instituto; el conocimiento es importante pero no suficiente (si no estás de acuerdo, te invito a leer acerca de los fariseos para ayudarte con esta idea).
5. No estás listo/lista solamente porque te dieron permiso o te lanzaron para el liderazgo. A veces, algunas iglesias solo están persiguiendo el éxito estadístico. No hay palabras agradables para describir este falso indicador, así que seamos francos (y un poco crueles): es duro reconocer que existen iglesias que motivan (por no decir que manipulan) a varios jóvenes y les inyectan entusiasmo y adrenalina acerca de tener, por ejemplo, su propio grupo o célula; es como ofrecer algo de un nivel superior, algo que desear (y dicho sea de paso, no hay nada malo en desear el liderazgo: ver 1 Timoteo 3:1) pero con una mala ambición de status, de puesto, de jerarquía, de superioridad o incluso de espiritualidad. Es pervertida la motivación de estos líderes a la hora de empujar a otros a tales desafíos; parece que solamente les importan sus estadísticas (porque se hinchan hablando de la productividad de sus ministerios —es decir, de la producción de líderes— por año y a ritmo acelerado).

Generalmente es aquí donde veo los mayores y más dolorosos fracasos por la falta de preparación.

Es triste, pero esta es la realidad de algunos grupos de jóvenes.

Como bien han dicho expertos en la materia, el liderazgo es influencia, por lo tanto es claro que Dios desea que seamos las mejores personas posibles para lograr la mejor influencia posible sobre aquellos que nos rodean. Esto tiene que ver con desarrollar carácter primero y competencia después. Esas dos son las características más importantes para un líder: el conjunto de sus cualidades y el conjunto de sus habilidades. Si te das cuenta, ambas pueden ser aprendidas, mejoradas y desarrolladas si se trabaja intencionalmente en ellas.

En esta ocasión concentrémonos un poco más en el carácter, porque es fundamental. De hecho, debido a que somos hijos de Dios, este debería ser el distintivo esencial sobre el cual vamos a edificar nuestro liderazgo; en otras palabras, de nada serviría tener muchas habilidades si no tenemos una vida de integridad delante de Dios. Nuestro liderazgo no se fundamenta solamente en técnicas y destrezas sino en espiritualidad; además, muchos líderes han fracasado (tristemente, a pesar de ser muy capaces) por fallas de carácter.

Según los principios bíblicos, la manera de seleccionar líderes no es por su entusiasmo al respecto sino por su indiscutible madurez. En 1 Timoteo 3:1-7 (NVI) encontramos las instrucciones para un joven pastor que debía buscar, seleccionar y nombrar líderes (en este pasaje llamados «obispos»):

> *«Se dice, y es verdad, que si alguno desea ser obispo, a noble función aspira. Así que el obispo debe ser intachable, esposo de una sola mujer, moderado, sensato, respetable, hospitalario, capaz de enseñar; no debe ser borracho ni pendenciero, ni amigo del dinero, sino amable y apacible. Debe gobernar bien su casa y hacer que sus hijos le obedezcan con el debido respeto; porque el que no sabe gobernar su propia familia, ¿cómo*

> *podrá cuidar de la iglesia de Dios? No debe ser un recién convertido, no sea que se vuelva presuntuoso y caiga en la misma condenación en que cayó el diablo. Se requiere además que hablen bien de él los que no pertenecen a la iglesia, para que no caiga en descrédito y en la trampa del diablo».*

¿Qué te parecen esos requisitos? Tienen mucho que ver con el carácter, con quiénes somos delante de Dios. Además es evidente que están muy relacionados con la madurez que tenemos para desarrollar relaciones interpersonales saludables.

¿Se parecen estos a los criterios, los requisitos y las cualidades que utiliza tu iglesia y/o tu grupo de jóvenes para nombrar líderes? ¿Son estás las cualidades que estás desarrollando para estar listo/lista para el liderazgo?

Otro pasaje bíblico que nos ayuda a medirnos como líderes es 1 Pedro 5:1-4 (NVI) donde se usa la palabra «ancianos» para designarlos:

> *«A los ancianos que están entre ustedes, yo, que soy anciano como ellos, testigo de los sufrimientos de Cristo y partícipe con ellos de la gloria que se ha de revelar, les ruego esto: cuiden como pastores el rebaño de Dios que está a su cargo, no por obligación ni por ambición de dinero, sino con afán de servir, como Dios quiere. No sean tiranos con los que están a su cuidado, sino sean ejemplos para el rebaño. Así, cuando aparezca el Pastor supremo, ustedes recibirán la inmarcesible corona de gloria».*

Nadie es perfecto, pero todos debemos avanzar hacia esa meta. Si aún no tienes las características que la Biblia describe, no te desanimes, ¡más bien trabaja en ellas! Dedícate a adquirirlas, esfuérzate por madurar las áreas de tu carácter que deben cambiar.

En la misma carta a Timoteo (5:22), Pablo le recomienda que no se apresure a nombrar líderes (delegarles autoridad). La madurez espiritual es un proceso que debe tener fruto y manifestar evidencias, y eso toma tiempo; por lo tanto, no hay razón para que tú te apresures al liderazgo si todavía tu vida espiritual no está lista.

Cultiva primeramente tu carácter, cuida tu corazón y luego desarrolla tus habilidades. Aprovecha cada oportunidad que tengas de servir, sin esperar nada a cambio. ¡Qué mejor preparación para bendecir mejor a otros!

Descarga este material en ***www.e625.com/lecciones***

BIBLIOGRAFÍA

- Max Weber, Obras selectas. *La ética protestante y el espíritu del capitalismo.* (Buenos Aires: Distal, 2003).
- Nicholas Lore, *Now what? The young person´s guide to choosing the perfect career.* (New York: Fireside, 2008).
- Max Lucado, *Cura para la vida común.* (Nashville: Caribe-Betania, 2005).
- A.L. Kroeber & Clyde Kluckhohn, Culture, a critical review of concepts and definitions. (Cambridge, Massachusetts: Harvard University, 1952).
- Nancy Pearcy, *Verdad total. Libera al cristianismo de su cautiverio cultural.* (Tyler, TX: JUCUM, 2015).
- Pablo Deiros, *Historia global del cristianismo.* (El Paso, TX: Mundo Hispano, 2016).
- Andrew Scott, *Scatter. Go therefore and take your job with you.* (Chicago: Moody Publishers, 2016).
- Christian Overman, *Supuestos y estilos de vida.* (Tyler, TX: JUCUM, 2014).

MIS NOTAS

MIS NOTAS

MIS NOTAS

MIS NOTAS

MIS NOTAS

MIS NOTAS

MIS NOTAS

MIS NOTAS

MIS NOTAS

ALGUNAS PREGUNTAS QUE DEBES RESPONDER:

¿QUIÉN ESTÁ DETRÁS DE ESTE LIBRO?

Especialidades 625 es un equipo de pastores y siervos de distintos países, distintas denominaciones, distintos tamaños y estilos de iglesia que amamos a Cristo y a las nuevas generaciones.

¿DE QUÉ SE TRATA E625.COM?

e625.com

Nuestra pasión es ayudar a las familias y a las iglesias en Iberoamérica a encontrar buenos materiales y recursos para el discipulado de las nuevas generaciones y por eso nuestra página web sirve a padres, pastores, maestros y líderes en general los 365 días del año a través de **www.e625.com** con recursos gratis.

¿QUÉ ES EL SERVICIO PREMIUM?

zona de contenido PREMIUM

Además de reflexiones y materiales cortos gratis, tenemos un servicio de lecciones, series, investigaciones, libros online y recursos audiovisuales para facilitar tu tarea. Tu iglesia puede acceder con una suscripción mensual a este servicio por congregación que les permite a todos los líderes de una iglesia local, descargar materiales para compartir en equipo y hacer las copias necesarias que encuentren pertinentes para las distintas actividades de la congregación o sus familias.

¿PUEDO EQUIPARME CON USTEDES?

Sería un privilegio ayudarte y con ese objetivo existen nuestros eventos y nuestras posibilidades de educación formal. Visita **www.e625.com/Eventos** para enterarte de nuestros seminarios y convocatorias e ingresa a **www.institutoE625.com** para conocer los cursos online que ofrece el Instituto E 6.25

¿QUIERES ACTUALIZACIÓN CONTINUA?

Regístrate ya mismo a los updates de **e625.com** según sea tu arena de trabajo: Niños- Preadolescentes- Adolescentes- Jóvenes.

¡APRENDAMOS JUNTOS!

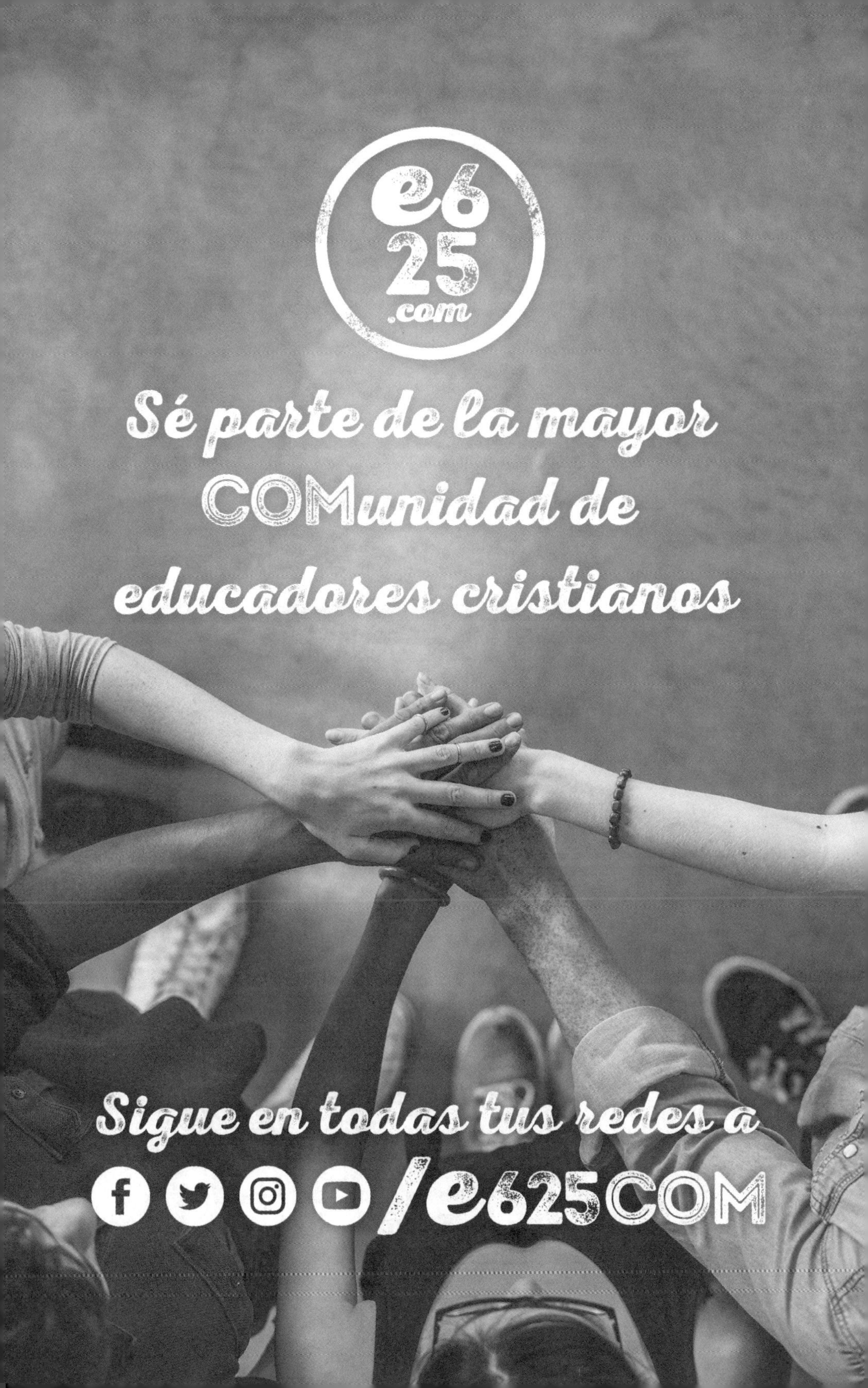
e6
25
.com
Sé parte de la mayor
COMunidad de
educadores cristianos
Sigue en todas tus redes a
/e625COM

Libros Online
Revista Líder 6.25
Chat en tiempo real
Suscripción de materiales premium para iglesias
Tienda con envíos internacionales
FAMILIAS SANAS + IGLESIAS FUERTES
Eventos de actualización ministerial
Seminarios para iglesias locales
INSTITUTO e6 25
Educación online www.institutoe625.com